Nadia-Cerasela ANIŢEI
Roxana Elena LAZĂR

Evaziunea fiscală între legalitate şi infracţiune

Iaşi
2013

EVAZIUNEA FISCALĂ ÎNTRE LEGALITATE ȘI
INFRACȚIUNE
Nadia Cerasela ANIȚEI
Roxana Elena LAZĂR

Copyright Editura Lumen, 2013
Iași, Țepeș Vodă, nr.2

Editura Lumen este acreditată CNCS

edituralumen@gmail.com
prlumen@gmail.com

www.edituralumen.ro
www.librariavirtuala.com

Redactor: Roxana Demetra STRATULAT
Design copertă: Roxana Demetra STRATULAT

Descrierea CIP a Bibliotecii Naționale a României
ANIȚEI, NADIA CERASELA
   Evaziunea fiscală între legalitate și infracțiune /
Nadia Cerasela Aniței, Roxana Elena Lazăr. - Iași : Lumen,
2013
      ISBN 978-973-166-356-2
I. Lazăr, Roxana Elena

336.228.34(498)

Nadia-Cerasela ANIŢEI
Roxana Elena LAZĂR

Evaziunea fiscală între legalitate şi infracţiune

Iaşi
2013

„Spiritul de evaziune fiscală se naşte din simplul joc al interesului (...) această mentalitate există la omul cel mai cinstit; unii cărora nici nu le-ar veni vreodată ideea cea mai nedelicată asupra proprietăţii aproapelui, se vor sustrage de la îndatoririle lor faţă de fisc fără nici o ezitare." [1]

[1] D., Drosu Şaguna *Tratat de Drept financiar şi fiscal*, Ed. All Beck, Bucureşti, 2003, p. 414.

Cuprins

Cuvânt înainte

Abordarea evaziunii fiscale atât din perspectiva legalității cît și a ilegalității, a dreptului intern cât și deschiderea spre realitățile legislative europene și internaționale îi conferă acestui demers științific o dublă semnificație: dezvăluie preocuparea pentru aspectele îndeobște abordate în literatura de specialitate în materia tratată, cu sublinierea semnificației teoretice și practice a temei în discuție și evidențiază cadrul deschis al problematicii spre căutări permanente de punere în valoare, în acord cu tendințele conturate pe plan internațional.

O lucrare cu abordări interdisciplinare atât din sfera juridicului, economicului cat și din sfera sociologică, psihologică.

Interesul pentru subiect este peren și ține de rolul crucial al măsurilor fiscale în inițierea și susținerea programelor politice guvernamentale în lupta împotriva crizei economice actuale. Dezbaterile actuale pe acest subiect sunt stimulate de preocuparea de identificare a posibilelor soluții de combatere a evaziunii fiscale, importante prin însăși necesitatea depășirii momentelor de criză cu care se confruntă omenirea la acest început de mileniu.

Dificultatea, vastitatea și eterogeitatea problematicii investigate sunt surprinse prin analiza economico-juridică a subiectului, care conferă un plus de originalitate lucrării, ce se constituie într-o lectură interesantă și plăcută.

Lucrarea este structurată judicios, fiind alcătuită dintr- o parte introductivă și următoarele opt capitole:

Capitolul I - "Noțiuni generale despre criminalitatea economico-financiară"

Capitolul II - "Evaziuneaa fiscală. Abordare teoretică"

Capitolul III - "Paradisurile fiscale"

Capitolul IV - "Evaziunea fiscală în România"

Capitolul V - "Evaziunea fiscală și Uniunea Europeană"

Capitolul VI - "Evaziunea fiscală internațională"

Capitolul VII –"Organizații cu atribuții în depistarea faptelor de evaziune fiscală la nivel național și la nivel european"

Capitolul VIII- "Evaziunea fiscală și creșterea economică".

Lucrarea se concentrează pe probleme semnificative: definirea evaziunii fiscale, clasificări numeroase ale evaziunii fiscale, delimitarea evaziunii fiscale legale de infracțiunea cu același nume, paradisurile fiscale, abordări comparative ale evaziunii fiscale în statele membre U.E., organele cu atribuții în domeniul combaterii evaziunii fiscale (Oficiul European de Luptă Antifraudă; Departamentul de Luptă Antifraudă, Direcția Generală Antifraudă Fiscală din cadrul Agenției Naționale de Administrae Fiscală - structură recent constituită în România); reflectarea evaziunii fiscale în creșterea economică a diverselor state europene.

Unitatea și, în același timp, nota de originalitate a lucrării, rezultă din conjuncția a două elemente: pe de o parte, se acordă atenție aspectelor clasice, iar pe de altă parte, își face loc, cu argumente pertinente, perspectiva modernă, europeană, asupra temei.

Prof. univ. dr. Silvia Cristea-Condor
Departament Drept
Academia de Studii Economice, București

INTRODUCERE

Modernizarea vieții în general, și a celei economice, în special, au condus la o renovare a infracționalității, la o adaptare a criminalității la cotidian. Infracțiunile patrimoniale clasice (furturi din bănci etc.) și-au pierdut din actualitate, când s-a constat că profitul mai mare cu riscuri mai mici poate fi obținut prin utilizarea unor procedee mai puțin rudimentare. Sofisticarea criminalității economice îmbracă forma evaziunii economice, a deturnării de fonduri, a spălării de bani. Individul conștientizează acum că profitul mai mare nu provine din infracțiunile ce prejudiciază unul sau mai multe patrimonii individuale, ci din lezarea unui patrimoniu mai mare, respectiv din prejudicierea patrimoniului statului.

Universalitatea fenomenului evazionist se explică prin extinderea acestuia la toate tipurile de societăți și la toate clasele sociale. Vechimea evaziunii fiscale este legată de însăși apariția impozitelor și a taxelor. Platon scria despre evaziunea fiscală acum un sfert de secol, iar Palatul Dogilor din Veneția este prevăzut cu un sistem inițial de deconspirare a evazioniștilor, în speță o piatră găurită în care se aruncau denunțuri privind persoane care practicau evaziunea fiscală[2].

Evaziunea fiscală este în strânsă legătură cu apariția banilor – un rău necesar și cu monetizarea excesivă a economiilor.

Fenomen complex, care apare ca un răspuns al contribuabilului în raport de acțiunea de constrângere a statului, evaziunea fiscală reprezintă un subiect disputat în egală măsură în științele juridice, cât și în economie, pliindu-se pe ramura recentă a dreptului economic.

---

[2] V.,Tanzi ..*Policies, institutions and the dark side of economics,* Ed. Edward Elgar: Cheltenham, 2000, p. 171.

Aflată la limita dintre legalitate și ilegalitate, evaziunea fiscală nu a scăpat nici rigorilor bisericești, un catehism nou al Bisericii Romano-Catolice incluzând fapta creștinului de a evaziona fiscal statul în categoria noilor „păcate"[3], caracteristice lumii moderne, contemporane. Această aserțiune trebuie interpretată și din perspectiva Bibliei creștine, care în Evanghelia după Matei, prezintă episodul în care Isus, fiind întrebat de farisei dacă poporul trebuie să plătească taxe către Cezar, răspunde: „Dați Cezarului ce este al Cezarului, și lui Dumnezeu, ce este a lui Dumnezeu", fără a se face însă dezvoltări din perspectiva obiectului de dat, motiv pentru care aceste aserțiuni suscită dispute și în zilele noastre[4].

Se pune și o problemă de moralitate în ceea ce privește evaziunea fiscală. Din perspectiva utilizării resurselor financiare publice, s-ar putea pune problema caracterului etic al evaziunii fiscale. Astfel, dacă în urma evaziunii fiscale, se diminuează resursele financiare puse la dispoziția unui dictator, pentru a pune în mișcare mașinăria proprie de război, atunci un astfel de comportament poate fi lăudabil, și dimpotrivă, dacă se diminuează astfel resursele financiare destinate ajutoarelor sociale destinate celor mai defavorizați. Așadar, evaziunea fiscală poate fi pusă în balanță cu corectitudinea taxelor și impozitelor. Acest caracter este *pendente* de legitimarea acesteia de către o autoritate legislativă, cauza justă a instituirii acestora, respectiv modalitatea de distribuire a poverii fiscale[5].

Evaziunea fiscală, dimensiunea acesteia, modul în care se reflectă în mintea contribuabilului sunt în strânsă legătură cu moralitatea lumii în care trăim, fiind expresia prin excelență a

---

[3] R., McGee. *Is tax evasion unethical?*, în University of Kansas Law Review, vol. 42, no. 2 (1994), p. 411.
[4] *Idem, The ethics of tax evasion: a survey of international business academics*, disponibil la http://papers.ssrn.com/sol3/papers.cfm?abstract_id=803964, (accesat la 09.01.2013), p. 4.
[5] Idem., Is tax evasion unethical?, p. 413.

acesteia. Coordonata cea mai importantă a omului contemporan o reprezintă banul și, pe cale de consecință, mărimea avuției strânse. Deși optica firească a oricărui stat este de combatere și de eradicare (pe cât posibil) a fenomenului omniprezent de evaziune fiscală, aceasta nu se poate concilia cu profilul contribuabilului care servește perfect interesele statului în care trăiește: „să fie tânăr, fumător, să mănânce mult, mai ales în afara cadrului familial, să consume băuturi alcoolice, iar în final să trăiască foarte puțin după pensionare."[6] Aceasta explică și atitudinea statelor care luptă mai mult formal decât efectiv împotriva evaziunii fiscale.

Tot spiritul etic obligă contribuabilul să își plătească taxele și impozitele. Argumentul adus este legat de dictonul „votează cu picioarele"[7], interpretat în sensul în care contribuabilul nemulțumit de povara fiscală națională, în virtutea libertății sale de mișcare, are posibilitatea de a părăsi țara de origine pentru a se stabili într-un alt stat. Dar, trebuie să ținem cont că deși acest drept nu mai este îngrădit astăzi, obstacolele reale ce derivă din preferința firească de a trăi înconjurat de familie și de prieteni, politicile de imigrare severe practicate de unele state, coroborate cu dificultatea în a găsi un loc de muncă într-un alt stat, multiplicate de diferențele de limbă și de cultură reprezintă adevărate bariere în exercitarea acestui drept; se adaugă și încercarea de uniformizare legislativă în materie de impozitare, în contextul intensificării fenomenului de globalizare.

Un studiu ce vizează etica fenomenului de evaziune fiscală (realizat în 33 de state) evidențiază că femeile acceptă mai puțin evaziunea fiscală în comparație cu bărbații, că persoanele având o medie de vârstă mai ridicată (peste 50 de ani) sunt mai intransigente față de evaziunea fiscală comparativ

---

[6] N,. Hoanță . *Evaziunea fiscală,* editia a-II-a, Ed. C.H. Beck, București, p. 168.
[7] R., McGee., *op.cit,* p. 8.

cu tinerii (cuprinsă între 16 și 49 ani), că persoanele care beneficiază de un nivel de educație ridicat (nivelul terțiar de educație) blamează mai puțin evaziunea fiscală față de cei care nu se bucură de o bună educație și că cei care au un nivel de trai scăzut sunt împotriva evaziunii fiscale prin comparație cu persoanele care au un nivel de viață mai ridicat[8]. Totodată, întreprinderile mici și mijlocii sunt mai deschise la evaziune decât corporațiile internaționale, ca urmare a nevoii de a supraviețui pe piață; pe de altă parte, corporațiile internaționale apelează la mijloace mai greu de detectat, de mai mare finețe, fiind mai greu de prins în comparație cu micile întreprinderi.

Teoria microeconomică privind evaziunea fiscală susține că nivelul plății taxelor de către contribuabili este cu atât mai mare cu cât percepția subiectivă a acestora privind probabilitatea descoperirii și pedepsirii faptelor de evaziune fiscală este mai mare în raport de costul unei atitudini de completă respectare a legilor fiscale[9].

Condus, de regulă, de interesul hedonistic cu trimitere la interesul bănesc, persoana fizică ori juridică adoptă un comportament activ și adesea ingenios în a se sustrage de la plata impozitelor și taxelor impuse de către stat. Remarcăm că evaziunea fiscală, ca acțiune a individului, nu este lipsită de raționalitate. Multe dintre dificultățile cu care se confruntă oamenii pornesc de la dualismul: plăcere (utilitate) - cost. Orice persoană urmărește obținerea unui maxim de utilitate cu minim de cheltuieli, sau, dacă se poate, fără nici un cost, deci fără a plăti impozite.

---

[8] R., McGee. M.,Tyler. Tax *evasion and ethics: a demographic study of 33 countries*, disponibil la http://papers.ssrn.com/sol3/papers.cfm?abstract_id=940505 (accesat la 10.07.2013).
[9] M., Bergman. Tax evasion and the rule of law in Latin America: the political culture of cheating and compliance in Argentina and Chile, Ed. The Pennsylvania State University, 2009, p. 7.

Dacă aplicăm conceptului juridic de evaziune fiscală un principiu binecunoscut din știința fizicii, nu putem fi decât de acord că atunci când o sarcină fiscală apasă prea greu asupra unei materii impozabile, firesc, aceasta tinde să scape greutății fiscale prea mari. Vorbim așadar despre „o specie de reflex economic care face să dispară capitalurile pe care fiscul vrea să le impună prea mult"[10].

În continuarea celor exprimate anterior, trebuie să avem în vedere și opinia politologilor care leagă necesitatea de a plăti impozite și taxe de contractul social al lui Rousseau. Practic, dacă societatea se bazează pe indivizii care își abandonează interesul individual în vederea realizării interesului colectiv, pe cale de consecință, în materie de taxe și impozite, contribuabilul își sacrifică propria bunăstare plătind taxe și impozite către autoritățile statale, care, în schimb, îi oferă bunuri și/sau servicii publice[11]. Hobbes subliniază însă că individul nu este și nici nu poate fi întotdeauna fidel noțiunii și principiilor contractului social. În legătură cu această situație, ce se vrea excepțională, apare fenomenul de evaziune fiscală. Dacă privim evaziunea fiscală ca o excepție de la regulile contractului social, ar trebui să acceptăm că persoanele care adoptă un comportament evazionist nu fac decât să deroge de la prevederile contractului social, concluzie care nu poate fi acceptată.

Fenomenul evaziunii fiscale este omniprezent. Evaziunea fiscală este explicabilă din perspective diferite: juridică, economică, politică, teologică, morală, dar și fizică. Indiferent de mărimea taxelor și a impozitelor, regăsim evaziunea fiscală, în proporții diferite, în state diferite.

---

[10] D., Drosu Șaguna. D, Șova. *Drept fiscal,* Editura C.H. Beck, București, 2009, p. 280.
[11] R., A., Tooma. *Legislating against tax avoidance,* Editura IBFD, Amsterdam, 2008, pp. 14 – 15.

Piețele financiare globale presupun și o globalizare a criminalității gulerelor albe, dar și a corupției. De aceea, o strategie eficientă de combatere a evaziunii fiscale reclamă o coordonare la nivel mondial a normelor de drept, dar și a regulilor de transparență și de securitate economică. În mod obișnuit, evaziunea fiscală este încadrată în categoria criminalității gulerelor albe, de natură a conduce la pierderi materiale importante.

Evaziunea fiscală se desfășoară la linia de demarcație dintre activitățile licite și cele ilicite. Ea îmbracă forma unui protest al contribuabililor față în față cu o politică fiscală sufocantă, nemulțumirea acestora creând, parțial, economia neagră. Evaziunea fiscală este atitudinea contribuabilului de neconformare față de obligația legală de a plăti impozitele și taxele care îi incumbă și care, după caz, atrage răspunderea penală sau contravențională a contribuabilului.

De evaziune fiscală nu se moare, dar o societate infestată de fenomenul evaziunii fiscale este condamnată la involuție economică, socială și politică. Singurul caz în care evaziunea fiscală ar fi în pericol de dispariție se fundamentează pe o ipoteză de lucru utopică - statul fără taxe și fără impozite. Or, cum Benjamin Franklin în scrisoarea către Jean-Baptiste Leroy, „nimic în această lume nu este mai sigur ca moartea și taxele"[12].

Este un dat că nici unei persoane nu îi place să plătească taxe și impozite. Liberul arbitru poate determina o atitudine de conformare sau, dimpotrivă, de neconformare față de legislația fiscală în vigoare. Totuși, mediul înconjurător – în sensul de existență a unei mari părți a contribuabililor care respectă politica fiscală a statului în care își au domiciliul sau ședința – reprezintă un factor determinant în adoptarea unui comportament corect față de plata impozitelor și a taxelor.

---

[12] B., K., Borgne Eric, *Tax amnesties: theory, trends, and some alternatives*, Editura International Monetary Fund, 2008, p. 1.

Evaziunea fiscală nu este o problemă modernă. Din păcate, fenomenul evaziunii fiscale este în continuă creştere, iar sentimentul contribuabililor îndreptat împotriva impozitelor şi taxelor este generalizat. În fapt, asistăm la o imposibilitate de conciliere între o fiscalitate excesivă, de natură să protejeze anumite interese, şi principiile înseşi ale democraţiei. Democraţia implică ideea de suveranitate care aparţine poporului. Or, această suveranitate a poporului pare a fi exclusă în materie fiscală. În realitate, această excludere trebuie înţeleasă în sens de limitare, conform art. 74 alin. 2 din Constituţia României, respectiv în sensul în care poporul, numai prin reprezentanţii săi aleşi, şi niciodată altfel, decide politica fiscală aplicabilă, spre binele său, spre interesul general.

Frauda fiscală dăunează economiei prin diminuarea veniturilor statului şi din perspectiva imposibilităţii statului de a-şi forma o previziune clară bugetară, atât de necesară pentru anul următor. Practic, evaziunea fiscală loveşte în principiul certitudinii impozitării şi a siguranţei statului în colectarea taxelor şi a impozitelor. Evaziunea fiscală este de natură a limita punerea în practică a tuturor politicilor guvernamentale. Libera concurenţă atât de promovată în mediul de afaceri este un deziderat în condiţiile în care nu putem vorbi despre o concurenţă fiscală echitabilă.

Contribuabilul care practică evaziunea fiscală este exemplul prin excelenţă a lui *homo oeconomicus,* perfect raţional, acţionând astfel pentru a-şi satisface interesul propriu, dar imoral. Practic, acţionând în termeni de cost şi de beneficii, observând diferenţa dintre persoane din această perspectivă, este explicabilă şi diferenţa dintre contribuabili, unii cinstiţi, alţii evazionişti. Contribuabilul evazionist nu plăteşte deloc impozite sau plăteşte impozte diminuate, ignorând sau încălcând obligaţia de a-şi declara veniturile, respectiv de a informa statul cu privire la acestea.

La nivel european a existat o permanentă preocupare pentru reducerea fenomenului evazionist, fenomen ce s-a amplificat tot mai mult. Paradoxal, tocmai unul dintre principiile ce stau la baza existenței Uniunii Europene – libera circulație a bunurilor, serviciilor, persoanelor și capitalului – a favorizat această creștere a fenomenului evazionist, astfel că preocuparea Uniunii pentru prevenirea și combaterea acestuia se regăsește în directivele, regulamentele, dar și rezoluțiile adoptate.

Evaziunea fiscală reprezintă o problemă multifațetată care impune măsuri de combatere adecvate. În conițiile în care statele membre U.E. își păstrează conform Tratatului privind stabilitatea, coordonarea și guvernanța în cadrul Uniunii Economice și Monetare, suveranitatea fiscală primele măsuri de combatere a evaziunii fiscale cad în sarcina acestora.

În România, cauzele generatoare de evaziune fiscală sunt: existența unei economii negre bine dezvoltate, corupția, un nivel redus al respectării diciplinei legislative financiare, precaritatea instrumentarului tehnic și insuficiența numerică a aparatului administrativ de colectare a impozitelor și taxelor. La nivel național s-a dezvoltat o cultură a evaziunii fiscale, vorbim despre un veritabil echilibru al atitudinii contribuabilului de neconformare față de politica fiscală și, implicit, față de plata impozitelor și taxelor.

Integrată în Uniunea Europeană, România are unul dintre cele mai scăzute nivele de încredere instituțională coroborat cu unul din cele mai crescute nivele de percepție a corupției. Anul 2004 este anul de referință pentru modificarea politicii fiscale, prin introducerea unei impozitări egale, în locul sistemului de impozitarea promovat în perioadă comunistă – regimul progresiv de impozitare. Pentru a avea succes, politica guvernamentală de luptă împotriva evaziunii fiscale trebuie obligatoriu coroborată cu politici îndreptate spre eradicarea sărăciei și spre crearea de locuri de muncă.

Aproximativ o treime din P.I.B.-ul României se scurge în economia subterană. Aceasta este alimentată şi de salariile persoanelor care lucrează în aparatul administrativ de colectare şi de control a plăţii impozitelor şi taxelor, de natură să alimenteze nivelul mare al corupţiei. În plus, absenţa unei educaţii civice orientate spre blamarea faptelor de evaziune fiscală contribuie la proliferarea acestui fenomen; dimpotrivă, multe persoane de cetăţenie ori naţionalitate română nu simt datoria morală de a alimenta bugetul de stat, motivându-şi atitudinea prin gradul de corupţie la nivel administrativ central şi local.

Nivelul evaziunii fiscale este direct proporţional cu nivelul corupţiei. Până când românii nu vor învăţa să respecte autorităţile, dar şi autorităţile să îi respecte pe alegători, nu va exista o soluţie pentru diminuarea fenomenului de evaziune fiscală.

Totodată, evaziunea fiscală este intrumentul de măsurare al incapacităţii statului de a conduce politici publice efective.

Diminuarea impozitelor şi taxelor reprezintă o altă soluţie, cumulativă, de impact asupra mărimii evaziunii fiscale. În plus, este imperativă o mai bună diseminare a reglementărilor fiscale în vigoare prin mass-media, dar şi realizarea unei stabilităţi fiscale.

Aşadar, crearea unui sistem fiscal solid (prin reglementarea clară a tutror taxelor şi impozitelor, a unor rate de impozitare mai mici şi mai uşor de suportat pentru contribuabil, sancţiuni clare pentru încălcarea dispoziţiilor fiscale) este cea mai eficientă soluţie în lupta împotriva evaziunii fiscale, care este un veritabil flagel îndreptat împotriva însăşi a drepturilor omului, suprimând mai mult sau mai puţin, dreptul egal al persoanelor de acces la servicii publice, la securitate socială, la un nivel de viaţă decent, la educaţie. Deşi Declaraţia Universală a Drepturilor Omului nu prevede expres

Nadia Cerasela ANIȚEI, Roxana Elena LAZĂR

obligația cetățenilor de a-și plăti taxele și impozitele prevăzute
de lege, această obligație rezultă implicit din obligațiile precise
ale statelor semnatare ale Declarației de a-și proteja cetățenii, de
a le oferi acces la bunuri și servicii publice. În acest context,
lupta împotriva evaziunii fiscale trebuie să depășească nivelul
declarativ, devenind astfel caracterizată prin eficiență

Ca o concluzie finală, se poate afirma că fără o analiză
profundă și sistematică a mecanismelor interne ale fenomenului
evazionist este greu să se pună în mișcare instrumente și măsuri
care să conducă la combaterea și prevenirea evaziunii fiscale.

Considerăm că, uniformizarea legislației pe plan intern
și internațional care are în vedere legile, cauzele, principiile,
metodele, măsurile, practica precum și crearea unei pârghii
eficiente pentru depistarea la timp a faptelor de evaziune fiscală
pentru că după cum spunea sir Austen Chamberlain „metodele
de evaziune se schimbă cu o rapiditate uimitoare, și că noile
metode trebuie adoptate cu aceeași probă"[13].

---

[13] Sir Josph Austen Chamberlain (a trăit în perioada 16.1o.1863 -
17.03.1937) a fost un proeminent om politic britanic căruia i s-a acordat
Premiul Nobel pentru Pace ca mulțumire rolul jucat la încheierea Pactului
de la Locarno din 1925. În perioada 1919-1921 a fost ministru al Finanțelor
și Economiei. Mai multe detalii la: http://en.wikipedia.org/wiki/
Austen_Chamberlain#Foreign_Secretary_and_the_triumph_of_Locarno

1. NOȚIUNI GENERALE DESPRE CRIMINALITATEA ECONOMICO- FINANCIARĂ

1. 1. Noțiunea de criminalitate economico-financiară

De-a lungul timpului numeroși oameni de știință din diferite domenii: drept penal, criminologie, sociologie, psihologie, etc., au elaborat teorii, modele de analiză, explicații științifice mai mult sau mai puțin valabile, care au acoperit într-o măsură mai mare sau mai mică, dar niciodată complet, vastitatea și diversitatea fenomenului numit criminalitate. Ca atare, dacă *criminalitatea* este definită ca un produs obiectiv al structurii sociale, care s-a născut odată cu aceasta, fiind constituită din ansamblul infracțiunilor care se săvârșesc într-o anumită perioadă de timp și într-un loc bine determinat.[14]

Întrebarea pe care o punem este următoarea: Cum putem defini criminalitatea economico-financiară? Vom defini *criminalitatea economico –financiară sau „de afaceri” ori corupția economică* ca totalitatea actelor și faptelor ilicite comise de indivizi, asociații, societăți sau organizații în legătură cu derularea unor afaceri și tranzacții financiare, bancare, vamale, comerciale, prin utilizarea înșelăciunii, fraudei, abuzului de încredere, falsificarea cifrelor de afaceri, spălarea banilor, bancrută frauduloasă, evaziune fiscală, polițe de asigurare nerambursabile, etc. .

---

[14] T., Amza. *Criminologie*, Editura Lumina Lex, București, 1998, pp. 28-32.

1.2. Teorii privind criminalitatea economico-financiară

În continuare vom încerca să descifrăm ce teze, ce opinii și teorii corespund vastului fenomen al criminalității economico-financiare.

Analizată din perspectiva factorilor economici, culturali, sociali și a celor psihologici criminalitatea a condus la elaborarea numeroaselor teze, opinii și teorii.[15] Un prim grup de teorii a încercat să demonstreze că delincvența și criminalitatea reprezintă produsul negativ al unor fenomene și procese cu caracter macrosocial cum ar fi dezvoltarea economică, crizele economice, etc. care produc schimbări sociale mai mari, sunt stimulative pentru delincvenți, prin efectele de reflux create de suspendări ale legislației și timpul ce trece până la promulgarea unei noi legislații.

Dintre aceste teorii, prezintă interes pentru această lucrare *teoria privitoare la anomia socială.*

Termenul de anomie provine din grecescul *a nomos* care înseamnă fără norme[16]. Acest termen a fost folosit pentru prima oară de Emil Durkheim în lucrarea *La division du travail social* definind *anomia ca starea de dereglare socială și normativă a unei societăți care este tulburată de o criză dureroasă sau de transformări fericite, dar prea bruște, devenind incapabilă să-și exercite autoritatea asupra individului.*

Anomia se caracterizează primordial, prin dislocarea și deteriorarea conștiinței colective, scăderea moralității și dereglare normativă, fiind o consecință patologică a diviziunii muncii. Reprezentând o situație specifică când normele de bază

---

[15] N., Mitrofan. V., Zdrenghea. T., Butooi. *Psihologie judiciară*, Editura Șansa, București, 1994, pp. 53-90.
[16] D., Banciu. *Sociologie juridică*, Editura Hyperion XXI, București, 1995, pp. 41-47.

își suspendă funcționalitatea, starea de anomie se află la originea creșterii delictelor, crimelor și sinuciderilor, fiind o adevărată cauză a delincvenței.

E. Durkheim[17] spunea că ceea ce îl împinge pe individ la crimă sunt acele tendințe și impulsuri care sunt inerente naturii umane și cultura acționează pentru limitarea unor asemenea aspirații individuale. Sociologul a argumentat că societatea reține natura umană ori prin cultură (consensul valorilor în societățile mecanice), ori prin structură (conexiunile care există între diferitele funcții dintre societățile organice). Aceste rețineri cad în perioadele de rapide schimbări sociale, fapt ce duce la escaladarea comportamentului criminal.

Analizându-l pe E. Durkheim sociologul și juristul francez J. Carbonnier afirma: Anomia distrugerea solidarității este răul care macină astăzi societatea prin slăbirea normelor morale și juridice care o organizau, o structurau.

Teoria anomiei propusă de E. Durkheim a fost revizuită de cercetătorul R. K. Merton. În cadrul paradigmei construită de R. K. Merton[18], anomia rezultă din contradicția ce apare între structura socială și cea culturală, întrucât societatea propune membrilor săi anumite scopuri fără însă a le oferi și mijloacele de realizare. Merton considera anomia ca o spargere a structurii culturale. Ipoteza mea centrală este că, comportamentele aberante trebuie privite sociologic ca un simptom al disocierii între aspirațiile prescrise cultural și căile social structurate pentru a realiza aceste aspirații. Neputând să-și realizeze scopurile la care aspiră și pe care societatea le

---

[17] E., Durkheim. *Regulile metodei sociologice*, traducere din limba franceză, ediția a -II- a, București, Editura Științifică, 1974, pp. 58-59.
[18] Concepția despre anomie a fost elaborată de Merton în mai multe variante (1938, 1949, 1957, 1968, etc.,). O variantă relativ completă a fost sintetizată în ediția din 1968, vezi Robert, K., Merton, Social Theory and Social Structure, New York, Free Press, 1968.

evaluează, individul recurge frecvent la mijloace ilicite, nelegale, concretizate în forma acţiunilor deviante şi delicvente.

Reformularea teoriei anomiei făcută de R. Merton a schimbat cele mai fundamentale concepţii ale lui E. Durkheim cu privire la rolul naturii umane şi al forţelor sociale în producerea comportamentului criminal[19].

După R. Merton[20], ratele delincvenţei traduc de fapt inadecvarea între obiectivele (scopurile) propuse de societate şi mijloacele de care dispun membrii săi pentru a le atinge.

Individul dispune în optica paradigmei lui R. Merton, de cinci moduri de adaptare în societate:

- conformismul, care atrage după sine acceptarea ţelurilor culturale cât şi a mijloacelor instituţionalizate. Aceste persoane luptă pentru obţinerea bunăstării prin metodele aprobate de către valorile clasei de mijloc şi vor continua să facă acest lucru indiferent dacă vor reuşi sau nu;

- inovaţia, care rezultă din faptul că obiectivul cultural stabilit este bine interiorizat de individ, în timp ce procedeele legitime pentru atingerea lui sunt respinse. Astfel, de exemplu oamenii de afaceri pot inventa diferite forme ale criminalităţii gulerelor albe atrăgând după ei frauda fiscală, spălarea banilor, pe când oamenii săraci pot dezvolta activităţi ilegale cum ar fi: prostituţia, jocurile de noroc, vânzarea de droguri;

- ritualismul sau refuzarea, constă în restrângerea aspiraţiilor, individul rămânând şi acţionând conform cu normele legale. Aceasta este perspectiva cetăţeanului înfricoşat, a birocratului conformist şi zelos precum şi a persoanelor care au obţinut un nivel minim de succes prin

---

[19] M, Voinea. Sociologie generală şi juridică, Editura Sylvi, Bucureşt, 2000, pp 164-166.
[20] S., M., Rădulescu, Sociologia devianţei, Editura Victor, 1998, pp 57-62.

mijloace legale, dar nu au speranțe reale de a obține ceva mai mult;

- evaziunea sau retragerea, considerată ca un mod de adaptare destul de rar, caracterizată prin abandonul simultan al scopurilor și normelor și refugiul individului în zone situate în marginea societății (unde se întâlnesc de obicei, bolnavii mintali, cerșetorii, vagabonzii, alcoolicii, toxicomanii, etc.);

- rebeliunea, care constă în respingerea, în aceeași măsură, atât a scopurilor, cât și a mijloacelor, respingere condiționată de dorința individului de a le înlocui cu altele. De exemplu, un infractor (inovator) poate folosi narcoticele (retragere), promovând în același timp o filosofie revoluționară, militantă (rebeliune).

Deși, exceptând conformitatea, R. Merton a privit toate aceste adoptări ca deviante, trebuie totuși subliniat că nu toate atrag după sine criminalitatea. Ca atare, adaptarea ritualistă în particular, cu aderența sa rigidă la normele societății, nu implică în vreun fel crima; inovația nu este neapărat criminală astfel, de exemplu, la nivelele de vârf ale economiei, presiunea către inovație șterge deseori distincția între metodele de luptă comerciale care sunt folosite și practicile care stau în spatele acestora.

R. Merton, prin teoria sa, a avut intenția de a focaliza atenția pe o problemă specifică și anume pe presiunea acută creată de discrepanța dintre scopurile culturale induse și oportunitățile structurate social și nu să încerce să explice toate comportamentele diferite care sunt interzise de lege.

Un al doilea grup de teorii încearcă să pună în evidență legătura dintre cultură și criminalitate, prin descifrarea modelelor, codurilor și mecanismelor care definesc cultul violenței.

Din acest grup de teorii vom prezenta teoria asociațiilor diferențiale.

Această teorie a fost formulată de Sutherland[21] în lucrarea Principii de criminologie. Autorul subliniază faptul că această teorie constituie o explicație istorică sau genetică a comportamentului criminal, deoarece se referă la întreaga experiență de viață a individului.

Sutherland consideră că orice comportament uman poate fi explicat științific, în funcție de:

- elementele care intră în joc în momentul delictului, ceea ce reprezintă o explicație situațională sau dinamică;
- elementele care au influențat anterior situația și viața delincventului, ceea ce constituie o explicație istorică sau genetică.

În concluzie, comportamentul criminal nu este nici dobândit, nici imitat, ci învățat social în contactul dintre indivizi și grupuri, printr-un proces de intercomunicare, reprezentat de gesturi, cuvinte, exprimări, manifestări, îndemnuri și mai puțin prin intermediul mijloacelor de comunicare în masă.

Sutherland explică actul criminal, presupunând următoarele coordonate:

- comportamentul criminal este învățat, iar cel care nu a primit o pregătire criminală nu inventează crima;
- comportamentul criminal se învață în contact cu alte persoane printr-un proces complex de comunicare;
- învățarea are loc mai ales în interiorul unui grup restrâns de persoane;
- procesul de învățare presupune:
- asimilarea tehnicilor de comitere a infracțiunilor;
- orientarea mobilurilor, a tendințelor impulsive, a raționamentelor și atitudinilor;

---

[21] T., Butoi. *Psihologie judiciară*, Editura Șansa, București, 1998, pp. 67 -115.

- orientarea mobilurilor și a tendințelor impulsive este în funcție de interpretarea favorabilă sau defavorabilă a dispozițiilor legale;
- un individ devine criminal dacă interpretările defavorabile respectului legii domină interpretările favorabile aceasta constituie principiul asociațiilor diferențiale ... cei care devin criminali o fac pentru că sunt în contact cu modelele criminale și nu au sub ochi modelele anticriminale;
- asociațiile diferențiale pot varia în privința duratei, frecvenței, intensității, etc. ;
- formația criminală în asociație nu se dobândește doar prin imitație;
- comportamentul criminal este expresia unui ansamblu de nevoi și valori , dar nu se explică prin acestea.

Acest mecanism explică fenomenul criminal la nivel individual. Prin extinderea raționamentului la nivel colectiv se poate explica și criminalitatea: o rată a criminalității se datorează unei organizări sociale diferențiale .

Sutherland menționează că Un grup poate fi organizat fie de manieră a favoriza dezvoltarea fenomenului criminal, fie de manieră a i se opune. Majoritatea grupurilor sunt ambivalente, iar rata criminalității este expresia unei organizări diferențiate a grupului. Organizarea diferențiată a grupului, înțeleasă ca explicație a variațiilor ratei criminalității, corespunde explicației prin teoria asociațiilor diferențiale a procesului prin care indivizii devin criminali.

Aplicând această teorie la lucrarea de față putem spune că infracțiunile de spălare a banilor pot fi realizate de categorii diferite de persoane, folosind diferite metode, procedee și tehnici.

Astfel, putem ilustra cele de mai sus prin exemplul unor cetățenii străini interesați să spele sume de bani obținute în mod ilegal în străinătate, folosind instituțiile bancare românești.

27

Un alt exemplu, grupuri bine organizate, formate din cetățeni arabi cu complicitatea unor români, scot din țară sume de ordinul zecilor de milioane cu titlul de „import de marfă cu plata în avans" sub acoperirea unor contracte de comerț exterior false realizând astfel infracțiunea de spălare a banilor prin fraudă.

Un al treilea grup de teorii este cel al reacției sociale față de delincvență. Din perspectiva acestor teorii (reprezentate de F. Tannenbaum, E. Lemert, H. Becker) delicvența trebuie raportată la acele procese de acțiune, de răspunsuri și contrarăspunsuri ce includ: procesul de elaborare a legii (penale), reacțiile opiniei publice și procesul instituțional al reacției sociale.

Din acest grup de teorii vom prezenta , *teoria etichetări sociale* arată că criminalitatea nu mai prezintă o caracteristică intrinsecă a actului sau acțiunii unui individ, ci mai degrabă o consecință a aplicării unei *etichete de către societate*. De multe ori, cei care dețin puterea sau bogăția, făcând parte din categoriile privilegiate social, politic și economic, au tendința de *a eticheta* ca deviante și delincvente acțiunile indivizilor proveniți din clasele de jos sau mijlocii ale societății, și care la rândul lor fie că acceptă eticheta, comportându-se ca atare, fie că o resping sau o neutralizează adoptând noi conduite.

Cea mai sigură modalitate de a "produce" delincvență și delincvenți arată F. Tannenbaum este "stigmatizarea" sau "dramatizarea răului", prin sancționarea sau repudierea severă a individului care se abate de la standardele sociale și izolarea lui de ceilalți indivizi. Această reacție a societății va influența considerabil cariera lui de viitor delincvent, întrucât din acest moment se va comporta în conformitate cu "eticheta" aplicată de comunitate și va căuta compania unor indivizi "etichetați" la fel ca și ei. Reprezentanții interacționalismului simbolic consideră că de multe ori, un individ este pur și simplu dirijat către o "carieră" criminală pe care sfârșește a o accepta ca pe singura soluție posibilă.

Trebuie menționat faptul că teoriile menționate mai sus, luate separat nu pot explica un fenomen atât de complex precum cel al criminalității economico-financiare. Însă aceste teorii luate împreună, intercorelate, oferă o imagine de ansamblu, un instrument teoretic util pentru cunoașterea și înțelegerea criminalități economico - financiare , cât și a mecanismelor complexe care îi asigură funcționarea.

2. EVAZIUNEA FISCALĂ. ABORDARE TEORETICĂ

2.1. Evaziunea fiscală – elemente definitorii şi caracteristici generale

Dificultatea definirii noţiunii de evaziune fiscală provine chiar din poziţionarea noţiunii într-un cadru interdisciplinar, aflar la graniţa juridicului şi economicului. Pluralitatea de termeni uzitaţi pentru a defini acelaşi fenomen („fraudă (...), fraudă legală sau legitimă, frauda ilegală, evaziunea internaţională, evaziunea legală, evaziunea ilegală, paradisuri fiscale, refugii, abuzul dreptului de a fugi din faţa impozitului, libertatea alegerii căii celei mai puţin impozante, subestimare fiscală, frauda la lege, economia subterană"[22]) susţine cele menţionate anterior. În literatura de specialitate[23] comparând vocabularul juridic uzitat în state diferite, observăm că dacă în ţările anglo-saxone, conceptul de „tax evasion" desemnează frauda fiscală, în timp ce sintagma „tax avoidance" defineşte evaziunea fiscală, ajungem la concluzia că frauda fiscală are caracter ilegal, în timp ce evaziunea fiscală are caracter legal.

Oricum, linia de demarcaţie dintre cele două noţiuni este foarte fină şi, totodată, greu de trasat cu precizie. Astfel, în literatura de specialitate[24] se pune întrebarea dacă este echitabil ca în cazul unei companii multinaţionale care îşi deschide o filială într-un stat cu o fiscalitate diminuată decât în S.U.A. să vorbim despre „tax avoidance", iar în situaţia unei persoane – cetăţean al S.U.A. care îşi deschide un cont bancar în Caraibe,

---

[22] N., Hoanţă. *Evaziunea fiscală,* Editura Tribuna Economică, Bucureşti, 1997, p. 214.

[23] Luc de Broe, *International tax planning and prevention of abuse,* Editura IBFD, Amsterdam, 2008, p. 332; Drosu Şaguna D., Şova . *Drept fiscal,* Editura C.H. Beck, Bucureşti, 2009, p. 279.

[24] Gravelle Jane, *Tax havens: international tax avoidance and evasion,* Congressional Research Service, september, 2010, p. 1.

fără să îl aducă la cunoștința autorităților, să existe o fraudă fiscală.

Dreptul anglo-saxon a cunoscut în decursul timpului o veritabilă schimbare de paradigmă cu privire la evaziunea fiscală. Dacă inițial, opinia larg îmbrățișată de judecători, în perioada 1929-1980, era aceea că fiecare persoană (fizică sau juridică) este pe deplin îndreptățită să își conducă afacerile în așa manieră încât taxele și impozitele aferente actelor și faptelor juridice pe care le încheie să fie cât mai mică, în anul 1982 asistăm la o schimbare de direcție spectaculoasă în această materie, odată cu soluționarea cazului Ramsey[25]. Din acest moment, în dreptul anglo-saxon se vorbește despre un veritabil principiu, a cărui aplicare este condiționată de trei factori: existența unei serii de tranzacții comerciale, premeditate, a căror înlănțuire nu are nici un scop comercial, scopul primordial fiind acela de a evita plata taxelor și a impozitelor. Principiul Ramsey a schimbat jurisprudența anglo-saxonă continentală.

Analiza juridico-gramaticală a noțiunilor de „fraudă fiscală legală" și „fraudă fiscală ilegală" evidențiază o exprimare tautologică pentru sintagma „fraudă fiscală ilegală", întrucât, firesc, frauda este sinonimă cu ilicitul.

Din punct de vedere gramatical, termenul de „evaziune" este înrudit cu „evaziv", care semnifică neclaritate, caracter vag și imprecis[26].

În mod obișnuit, se consideră că evaziunea fiscală reprezintă fapta penală, non-violentă, ce constă în sustragerea de la impunere a unei părți sau a întregii materii impozabile realizată de către contribuabil, pe cale de consecință nefiind plătit impozitul ori taxele aferente veniturilor realizate.

---

[25] Cazul Ramsey, disponibil la http://www.taxationweb.co.uk/tax-articles/general/the-ramsay-principle.html (accesat la 29.07.2013).
[26] N., Hoanță. *op.cit.*, p. 180.

Reflectarea unei definiții a evaziunii fiscale în actele normative, presupune analiza reglementărilor naționale și internaționale în materie.

Paradoxal, dacă Legea nr. 87/1994 privind combaterea evaziunii fiscale (abrogată în prezent) a reușit să dea o definiție[27] acestei instituții, nu la fel putem spune despre actuala reglementare românească, Legea nr. 241/2005 pentru prevenirea și combaterea evaziunii fiscale. Complexitatea formelor pe care le îmbracă evaziunea fiscală poate reprezenta o explicație pentru absența cu desăvârșire din legislația noastră a unei definiții legale a evaziunii fiscale.

În documentele oficiale O.E.C.D., evaziunea fiscală este definită în sensul „aranjamentelor nelegale în care răspunderea juridică în ceea ce privește plata taxelor și a impozitelor este ignorată"[28].

Este de notorietate că expresia de fraudă fiscală este sinonimă cu cea de evaziune fiscală. Noțiunii de evaziune fiscală i se asociază trei sensuri și o dublă precizare în ceea ce privește legalitatea.

Primul sens care i s-a atribuit evaziunii - între cele două războaie mondiale - a fost cel extensiv, adică evaziunea fiscală este inclusă în cea de fraudă.

Al doilea sens - și cel mai cunoscut - definește evaziunea fiscală ca fiind arta de a evita căderea în câmpul de

---

[27] Art. 1 din Legea nr. 87/1994 (abrogată) – „evaziunea fiscală este sustragerea prin orice mijloace de la impunerea sau de la plata impozitelor, taxelor, contribuțiilor și a altor sume datorate bugetului de stat, bugetelor locale, bugetelor asigurărilor sociale de stat și bugetelor fondurilor sociale de către persoanele fizice și persoanele juridice române sau străine, denumite în cuprinsul legii contribuabili."

[28] OECD, International Tax Terms for the Participants în the OECD Programme of Cooperation with Non-OECD Economies, disponibil la http://www.oecd.org /dataoecd/17/21/33967016.pdf (accesat la 28.01.2013).

atracție al legii fiscale. Evaziunea fiscală este oarecum asimilată fraudei fiscale.

Al treilea sens definește evaziunea fiscală ca totalitatea manifestărilor de fugă din fața impozitelor. Aceasta este o definire în sens larg a evaziunii fiscale care include și frauda fiscală.

Pentru a stabili conținutul materiei impozabile ce poate fi sustrasă de la impunere, avem în vedere categoriile de venituri supuse impozitării (cu cota de impozitare constantă de 16 %), astfel cum sunt prevăzute în Codul fiscal (venituri din salarii, activități independente, investiții, pensii, cedarea folosinței bunurilor). Așadar numai aceste venituri vor putea fi avute în vedere în cazul fraudei fiscale. Dar, legea organică în materie fiscală stabilește și alte categorii de venituri, care nu sunt supuse impozitării, așadar nu vor putea fi evazionate: ajutoarele, indemnizațiile, orice alte forme de sprijin acordate din bugetul asigurărilor sociale, bugetul de stat, bugetele fondurilor speciale și alte fonduri publice, precum și indemnizațiile pentru creșterea copilului, risc maternal, maternitate și îngrijirea copilului bolnav, sumele colectate drept despăgubiri, sumele asigurate.

2.2. Clasificarea evaziunii fiscale

Evaziunea fiscală poate fi clasificată în funcție de mai multe criterii, cum ar fi: modalitatea în care se procedează la aplicarea impozitelor și taxelor, criteriul ariei geografice, complexitatea mijloacelor folosite, întinderea în timp a acesteia.

A. În funcție de modalitatea în care se procedează la evitarea aplicării reglementărilor fiscale privind aplicarea de impozite și taxe, evaziunea fiscală îmbracă două forme:

• evaziunea fiscală legală se realizează atunci când o anumită parte din veniturile sau averea unor persoane sau categorii sociale sunt ferite de la impunere prin recurgerea la o combinație necondiționată de lege și, deci, "tolerată" prin scapare din vedere. Această formă de evaziune nu este posibilă decât atunci când legea este lacunară sau prezintă inadvertențe. În cazul evaziunii legale, contribuabilul încearcă să se plaseze într-o poziție cât mai favorabilă, pentru a beneficia în cât mai mare măsură de avantajele oferite de reglementările fiscale în vigoare[29].

Având în vedere gradul de inovare a contribuabilului raportat la prevederile legale în vigoare, cele mai uzitate metode sunt: investirea unei părți din profitul realizat în achiziții de mașini și echipamente tehnice pentru care statul a reglementat reduceri ale impozitului pe profit; realizarea de donații filantropice; scăderea din venitul impozabil (prin operațiuni de decontare) a cheltuielilor de reclamă ori de protocol; sprijinirea activităților culturale, științifice premiată printr-o deducere suplimentară din profitul realizat a cotei de 20%; avantajele pe care le au salariații (constând în mașini de serviciu, deducerea cheltuielilor profesionale). O altă formă a evaziunii fiscale legale, pe care o analizăm separat, este reprezentată de înființarea de societăți comerciale off-shore.

Evaziunea fiscală legală însă reprezintă o atingere a principiului echității fiscale, a dreptății sociale în materie de impozite, prin prisma faptului că nu se mai respectă regula ca în funcție de mărimea lor, veniturile sunt impozitate diferit.

- evaziunea fiscală frauduloasă constă în disimularea obiectului impozabil, în subevaluarea cuantumului materiei impozabile sau folosirea altor căi de sustragere de la plata impozitului datorat, toate realizate prin intermediul încălcării dispozițiilor legale. Evaziunea fiscala frauduloasă se întâlnește pe scară mult mai largă decât evaziunea licită și se înfăptuiește cu încălcarea prevederilor legale, bazându-se, deci, pe fraudă si rea credință.

---

[29] D.D Șaguna, *Tratat de drept financiar și fiscal*, Editura All Beck, București, 2000, p. 286.

Aceasta are forme de manifestare dintre cele mai diferite: trecerea de cifre nereale în registrele contabile; întocmirea de declaraţii false; întocmirea de documente de plăţi fictive; alcătuirea de registre contabile nereale; reducerea cifrei de afaceri; erori de adunare şi raportare; nedeclararea materiei impozabile; executarea de registre de evidenţe duble; vânzări fără documente justificative (facturi); falsificarea bilanţului, ca mijloc de fraudare a fiscului şi care presupune înţelegerea prealabilă dintre patron şi contabilul şef, motiv pentru care răspunderea lor este solidară pentru fapta comisă[30].

În practică, operaţiunea de delimitare între evaziunea licită şi cea ilicită este dificilă, deoarece între licit şi ilicit nu există o ruptură, ci o continuitate, încercările succesive ale contribuabilului de a profita de lacunele legii îl conduc de la legal la fraudă. Din această perspectivă, literatura de specialitate observă existenţa a trei familii de contribuabili. Una a celor funciarmente cinstiţi (albă). Alta, a celor funciarmente necinstiţi (neagră). Şi cea gri, care evadează, fie legitim - prin abilitate, fie ilegal - prin acrobaţii sau abuz de lege"[31].

Clasificarea fraudei fiscale este importantă pentru înţelegerea conceptului de evaziune fiscală. Institutul de Studii Fiscale de la Rotterdam face referire la "evaziunea fiscală nelegitimă" sau "obsesivă", în lucrarea din 1979, "Evaziunea Fiscală Internaţională".

Una dintre clasificările uzitate cu privire la evaziunea fiscală, face distincţia între[32]:
• frauda tradiţională sau prin disimulare, care constă în: sustragerea parţială sau totală de la plata obligaţiilor fiscale, prin întocmirea şi depunerea de documente incorecte sau

[30] D., Drosu Şaguna. D., Şova. *op.cit.*, p. 285.
[31] M. Coyian, *L 'impot sur le revenu en question*, Litte, 1989, *apud* Jean Claude Martiney, *La fraude fiscale*, P.U.F., Paris, 1990, p. 23.
[32] N., Lupu. O.,Grosu. *Finanţe publice şi fiscalitate*, Editura Tehnopress, Iaşi, 2009, p. 89.

prin abținerea de la întocmirea documentelor legale; abținerea de la declarații fiscale și redactarea de documente fiscale false; creșterea cheltuielilor cu scopul diminuării venitului impozabil; diminuarea valorii succesiunilor primite, dar și a tranzacțiilor privind imobilele; producerea clandestină de bunuri ori prestarea ascunsă de servicii ori desfășurarea unor activități profesionale remunerate la negru;

- frauda juridică care reprezintă ascunderea naturii reale a unui organism sau a unui contract (de exemplu continuarea unei activități economice în forma unei asociații lipsite de scop lucrativ, cu scopul de a evita plata impozitului pe venit sau pe profit);
- frauda contabilă, cea mai avansată dintre toate aceste forme, constând în crearea aparenței unei contabilități regulate prin utilizarea de documente false, cu scopul, pe de o parte, de a majora cheltuielile efectuate și, pe de altă parte, de a diminua veniturile; bilanțuri contabile falsificate; registre și evidențe fiscale nereale; documente de plată fictive;
- frauda prin evaluare îmbracă forme diferite ce pot viza: diminuarea valorii stocurilor; supraestimarea amortismentelor și provizioanelor, efectul fiind deplasarea profitului în timp.

În funcție de criteriul ariei geografice vizate, frauda fiscală poate fi:

- fraudă națională – în interiorul granițelor unui singur stat;
- fraudă internațională – care depășește granițele unui stat.

În funcție de autorul fraudei, delimităm:

- frauda comisă de persoane fizice;
- frauda comisă de persoane juridice.

În raport de complexitatea mijloacelor folosite[33], distingem între:

• frauda artizanală sau simplă, deficitară din punct de vedere al modalităților de săvârșire, autorul acesteia fiind o singură persoană, care acționează singular, fără ajutorul altora;

• frauda industrială care presupune un grad mare de complexitate, prin utilizarea unor tehnici ingenioase, de finețe (utilzarea de documente justificative fictive).

O altă clasificare a literaturii de specialitate are în vedere frauda din punct de vedere fiscal[34]:

• la așezarea venitului, diminuându-se baza de impozitare prin orice mijloace;

• la momentul plății obligației fiscale, care se referă în principal la taxe vamale și TVA.

În funcție de întinderea sa în timp, frauda fiscală este pe termen lung și pe termen scurt:

• frauda fiscală pe termen lung – atunci când un agent economic își construiește în timp o bună reputație, până la un moment dat când stopează plățile taxelor și impozitelor către stat și nu își mai achită creanțele către furnizorii sau prestatorii de servicii, intră în procedura insolvenței și repatriază veniturile într-un alt stat;

• frauda fiscală pe termen scurt – când este înființată o societate comercială cu scopul precis de a solicita rambursarea TVA-ului pentru o operațiune economică precisă, iar după rambursare își încetează activitatea.

Cu precizarea că aceste clasificări ale evaziunii fiscale sunt importante în special din punct de vedere didactic, în condițiile în care indiferent că ne referim la fraudă contabilă ori

[33] N., Hoanță.., *op.cit.*, p. 203.
[34] Th., Mrejeru. D., Florescu. D., Safta. M., Safta . *Evaziunea fiscală. Practică judiciară. Legislație aplicabilă*, Editura Tribuna Economică, București, 2000, p. 27.

fraudă prin evaluare, artizanală sau industrială, națională ori internațională, comisă de o persoană fizică sau juridică, toate acestea reprezintă în fapt o descriere a evaziunii fiscale, evidențierea cauzelor acestui fenomen juridic este de natură a explica și de a înțelege motivația săvârșirii unor atare fapte.

2.3. Cauzele evaziunii fiscale

Evaziunea fiscală are cauze dintre cele mai diferite: economice, sociale, politice și psihologice. Încrederea în guvern, legitimitatea acestuia, egalitatea în fața legii, gradul de toleranță față de alți semeni, regăsirea individului în statul de drept democratic, atașamentul față de preceptele religioase[35], toate sunt cauze potențiale ale unui comportament infracțional evazionist.

1.3.1. Cauzele economice vizează facilitățile fiscale acordate nemotivat de către guverne (eșalonări, amânări, scutiri de la plata impozitelor și taxelor, a majorărilor și a penalităților aferente), alături de excesivitatea de neînțeles a sarcinii fiscale.

În România, spre exemplu, între cauzele de natură economică avem în vedere: facilitățile acordate investitorilor străini. Atrași de mirajul fiscalității inițiale, agenții economici străini, beneficiari ai unor capitaluri mai importante, cu o experiență mai vastă, au luptat vreme îndelungată de pe poziții de inegalitate cu agenții economici români. Aceștia din urmă s-au văzut nevoiți să apeleze la metode de evitare a impunerii, împinși de însăși nevoia supraviețuirii pe piață.

Un exemplu local l-a reprezentat art. 7 din Legea nr. 12/1991 privind impozitul pe profit: după ce o societate ieșea din perioada de scutire de la plata impozitului pe profit, erau înființate societăți, în lanț, de către același asociat ori grup de

---

[35] Hayoz N., Hug S., Tax evasion, trust and state capacities, Ed. Peter Lang, Berna, 2007, p. 29.

asociaţi, pentru a beneficia în continuare de un regim fiscal mai favorabil.

Considerăm că evaziunea fiscală în România se explică şi prin statutul economic al ţării noastre – de economie emergentă sau de stat în curs de dezvoltare. Este explicabil de ce într-un stat aflat în curs de dezvoltare, evaziunea fiscală are rate de creştere mai mari: nivelul necesar al investiţiilor coroborat cu lipsa unei experienţe adecvate în domeniu[36] se înscriu în categoria cauzelor economice speciale ale evaziunii fiscale în România.

1.3.2. Cauzele legislative constau în omisiuni de reglementare a unor impozite şi taxe. Aşadar sistemul legislativ fiscal incomplet, lacunar, imprecis şi ambiguu creează pentru potenţialul contribuabil evazionist spaţiu de manevră, acesta sustrăgându-se de la plata de impozite şi taxe.

Cu titlu de exemplu, în România, persoanele fizice autorizate în producţia de băuturi alcoolice în perioada 1993-1995 au fost omise din categoria subiecţilor impozabili, iar combustibilul şi unele derivate din motorină nu au fost supuse accizării, în timp ce până în 2004 nu erau impozabile veniturile derivând din vânzări imobiliare, câştigurile de capital ori veniturile ocazionale.

În categoria aceleiaşi categorii de cauze intră şi lipsa unei stabilităţi legislative. Astfel, actul normativ de bază în domeniu, în speţă Codul fiscal (publicat în Monitorul Oficial nr. 927/23.12.2003) a fost modificat şi completat în decurs de zece ani de 83 de ori, prin ordonanţe şi hotărâri de guvern sau prin legi. Totodată, reglementarea ambiguă a unor taxe şi impozite (cum este cazul altor taxe locale - art. 248 lit. i din Codul fiscal) lasă loc arbitrariului din partea autorităţilor locale române: taxa de pom (în Iaşi), taxa pe şanţ (în Bacău) ş.a.

---

[36] Phyllis Lai Lan Mo, Tax avoidance and anti-avoidance measures in major developing economies, Greenwood Publishing Group, 2003, p. XI.

Mai mult, contribuabilul este subordonat în mod strict legislației fiscale, la a cărei elaborare nu are dreptul să participe. Ilustrative sunt prevederile art. 74 alin. 2 din Constituția României. Știut fiind că inițiativa legislativă poate aparține cetățenilor români în condițiile exprese ale art. 1 din același act normativ, art. 74 alin. 2 cenzurează inițiativa legislativă a cetățenilor în cazul problemelor de ordin fiscal.

1.3.3. Între **cauzele de natură psihologică**, pornim de la premisa că psihologia firească a contribuabilului constă în „a nu plăti decât ceea ce nu poate să nu plătească"[37] sau de a plăti statului cât mai puțin, pentru a-i rămâne sieși cât mai mult. Contează totodată și percepția celor din jur fața de fenomenul de evaziune fiscală. Astfel, reputația unei persoane care săvârșește fapte de evaziune fiscală are mai puțin de suferit dacă percepția față de aceste fapte penale este îngăduitoare și dacă mai multe persoane comit astfel de fapte, și invers, reputația acestuia va fi știrbită atunci când opinia publică reprobă astfel de fapte.

Din punct de vedere psihologic, evaziunea fiscală este o formă de înșelăciune dezvoltată în viața reală, o „dilemă socială"[38]. Se adaugă și faptul că, în ultima perioadă, egoismul este promovat ca valoare, în detrimentul spiritului colectiv, așadar evaziunea fiscală, ca formă de exprimare a individualismului, se dezvoltă în detrimentul colectării de impozite și taxe de către stat.

1.3.4. Nu în ultimul rând, evaziunea fiscală are la bază **cauze politice**. Nici una dintre campaniile pentru alegerile locale ori generale nu este completă fără promisiunea vreunei reforme fiscale, constând în modificări ori reduceri de taxe. Atitudinii cetățenilor cu privire la plata taxelor îi corespunde, în

---

[37] D., Drosu Șaguna .D., Șova., *op.cit.,* p. 280.
[38] Webley Paul, *Tax evasion: an experimental approach,* Ed. Cambridge University Press, 1991, p. 2.

oglindă, percepţia cetăţenilor asupra corectitudinii politicilor implementate de guvern. În principiu, dacă redistribuirea sumelor încasate la bugetul de stat este echitabilă, atunci şi cetăţenii adoptă o atitudine mai corectă faţă de politica de colectare a veniturilor statului prin taxe şi impozite. Aşadar, politica fiscală împovărătoare raportată la capacitatea reală de plată a contribuabilului (percepută ca fiind gândită împotriva cetăţeanului), alături de caracterul efectiv al măsurilor luate de guverne, de modul în care factorii decizionali la nivel naţional gestionează problema corupţiei, stabilitatea politică şi respectul instituţiilor statului faţă de lege, fac parte dintre cauzele politice obişnuite ale evaziunii fiscale.

1.3.5. Se adaugă **insuficienţa educaţiei fiscale şi civice a contribuabilului**. Educaţia fiscală trebuie începută din şcoala primară, subliniind importanţa unui comportament corect de plată a impozitelor şi taxelor prin intermediul poveştilor, a fabulelor[39], şi continuată până în timpul educaţiei terţiare, cel puţin în ciclul studiilor de licenţă. Din această perspectivă considerăm că studiul dreptului fiscal în facultăţi este imperativ şi nu doar în curricula facultăţilor de drept.

Nivelul fraudei fiscale (tradus în gradul de rezistenţă la impozite) este invers proporţional cu gradul de consimţire la impozit al contribuabilului, fiind dependent şi de educaţia fiscală a contribuabilului coroborată cu atitudinea organului de control, care în plan intern, în mod greşit este orientată spre sancţionare, iar nu spre prevenire a fenomenului.

Sistemul de colectare a impozitelor şi a taxelor este în prezent în restructurare. Acesta trebuie să se adapteze pas cu pas globalizării lumii actuale, societăţii cunoaşterii. Individul, dar mai ales comunitatea trebuie educată în spiritul respectării

---

[39]C., Camaniciu. „The possible causes of tax evasion in Romania" în „Proceedings of 5th WSEAS International Conference on Economy and Management Transformation " vol. I/2010, Timişoara, p. 415.

legislației fiscale, dar și al cooperării continue în sensul de a plăti impozitele și taxele. Noțiunea de fiscalitate trebuie înțeleasă într-un sens dinamic, dar și multidimensional, adică ceea ce prevederile legale nu reușesc să surprindă în materie de taxe și impozite trebuie să compenseze sistemul funcționăresc de colectare a impozitelor și taxelor[40].

Analiza cauzelor evaziunii fiscale reprezintă, de fapt, un răspuns la întrebarea: de ce nu sunt plătite taxele și impozitele către stat de către contribuabili? Considerăm că, raportat la realitatea cunoscută și din perspectivă socială, ar trebui mai degrabă să găsim răspunsuri la întrebarea: de ce contribuabilii trebuie să plătească taxe și impozite către stat?

A cunoaște cauzele evaziunii fiscale este chiar mai important decât a-i cunoaște efectele și a identifica soluții de combatere, deoarece numai în această manieră frauda fiscală ar putea fi ținută sub control, în baza principiului din dreptul roman, conform căruia numai înlăturată cauza, dispare efectul (*sublata causa, tollitur efectum*).

Astfel, cunoscând cauzele evaziunii fiscale subliniem una din modalitățile evaziunii fiscale legale. Identificarea unei forme legale de a scăpa de sub o presiune fiscală aproape inacceptabilă se poate regăsi în așa-numitele paradisuri fiscale. Alegerea bună a acestora este condiționată doar de observarea atentă a paradisurilor fiscale, coroborată cu existența unui tratat de evitare a dublei impuneri.

---

[40] Braithwaite Valerie, Taxing democracy: understanding tax avoidance and evasion, Editura Ashgate Publishing Limited, England, 1951, p. 15.

3. PARADISURILE FISCALE[41]

3.1. Considerații generale cu privire al paradisurile fiscale și activitățile „OFFSHORE"

3.1.1. Precizări prealabile

La simpla auzire a cuvântului „paradis fiscal" ne imaginăm locuri populate de miliardari care își petrec cea mai mare parte a timpului pe plajă, lungiți pe un șezlong sau într-un hamac agățat de doi cocotieri, cu un pahar la îndemână. Averea lor, în mod evident inepuizabilă, este ascunsă într-o bancă elvețiană sub un număr de cont.

Fiecare își făurește astfel scenariul viselor sale...[42]

Realitatea este că paradisurile fiscale nu sunt situate toate la tropice, ci sunt răspândite pe cele cinci continente și nu sunt refugiul exclusiv al celor mai bogați. Majoritatea celor care obțin profituri în aceste locuri dispun de o avere modestă pe care doresc să o dezvolte și să o păstreze. În epoca avionului și a internetului, orice individ care deține câteva bunuri resimte într-adevăr nevoia de a proteja ceea ce posedă.

---

[41] N., C., Aniței. TAX HAVENS OUTSIDE EUROPE, Jurnal de Studii Juridice, Anul VI, nr. 1-2/2011, ISSN 1841-6195, Editura Lumen, 2011, Iasi, pp. 43-53, ISSN 1841-6195. www.jls.upa.ro

N., C., Aniței. *Fiscal Paradise/ Paradisurile fiscale*, Revista de criminologie, de criminalistica si de penologie, nr. 2/2011, Bucuresti, ISSN -1454-5624, pp. 27-57 http://www.mpublic.ro/reviste.htm

N., C., Aniței. *Considerații generale privind paradisurile fiscale*, Supliment Jurnalul de Studii Juridice, Editura Lumen, 2010, Iasi, Anul V, nr. 3-4/2010, ISSN 1841-6195, pp.185 -197. http://www.ceeol.com/aspx/ publicationdetails.aspx?publicationid=37f87e6d-6349-4729-b7ea-1d7a37c6c 600

[42] C., Duphin. *Ghidul cu adevărat practic al paradisurilor fiscale*, Grupul de edituri Tribuna, Brașov, 1999, p.11.

În contextul mondializării schimburilor, o întreprindere care ignoră paradisurile fiscale se condamnă prin aceasta la non-competivitate.

Denumirea de „*paradis fiscal*", folosită într-un domeniu larg în ultimii 20 ani, tinde din ce în ce mai mult să fie înlocuită prin acela de „*paradis financiar*" sau de „*centru financiar internaţional*" sau mai nou de „*centru financiar offshore*".

În aceste mici ţări, în marea majoritate insulare, se poate alege domeniul fiscal, locul de instalare a bazei de lucru, se poate trăi aici, se pot câştiga bani sau se poate obţine cetăţenia şi se adresează fie persoanelor fizice, fie persoanelor juridice, fie ambelor în acelaşi timp.

Statele considerate ca fiind *paradisuri fiscale* constituie un refugiu pentru toate tipurile de societăţi cu scopul de a permite beneficiarilor să reducă şi respectiv chiar să suprime în totalitate taxele la care sunt supuşi în deplină legalitate şi de o manieră practic imposibil de controlat de către serviciile fiscale din ţara de origine.

În lume există aproximativ 60 de paradisuri fiscale. Unele, după ce au dispărut, aşa cum e cazul Libanului, renasc din propria cenuşă. Altele, aşa cum este Elveţia, sunt pe cale de dispariţie sau au dispărut de curând, cum este Hong-Kong-ul. Concomitent, în alte locuri se nasc paradisuri noi.

Subiect „fierbinte" prin excelenţă, paradisurile fiscale sunt uneori la o „bătaie de puşcă" şi binecunoscute de turişti: Andorra, „seducând" odată în plus, Austria este vestită pentru secretul său bancar, fără a uita de Monaco sau Gibraltar.

Altele sunt totodată adevărate paradisuri de vacanţă: Caraibele cuprind un număr mare de state cu o fiscalitate privilegiată, insulele Caimans posedă o bancă pentru cei 60 locuitori, iar insulele Cook îi fac să viseze pe bancheri.

Paradisurile fiscale există. Ele pot fi utilizate pentru a realiza profituri mari, pentru protecţia banilor şi pentru a scăpa de taxele numeroase. În zilele noastre, cele mai bune posibilităţi de investire se găsesc dincolo de propriile frontiere, în cadrul numeroaselor piețe străine.

3.1.2. Un scurt istoric al paradisurilor fiscale

Ideea scutirii fiscale nu este deloc nouă. Istoricii amintesc de înțeleptul Platon, care folosea o campanie non-profit pentru a-și finanța celebra-i Universitate, în Grecia antică.

Tot în această perioadă, micile insule vecine cu Atena, stocau mărfurile aduse pe mare sau care plecau pe mare pentru a evita impozitul de 2 % asupra importurilor respectiv exporturilor, perceput de cetate.

În perioda de înflorire a Imperiului Roman insula grecească Delos era folosită de romanii înstăriți pentru a evita în mod legal plata de dări impozite și alte taxe prevăzute de legislația latină.

Britania romană folosea la începutul mileniului societăți pe care astăzi le-am numi offshore.

În Grecia veche, insulele din vecinătatea Atenei erau utilizate de către comercianți pentru stocarea mărfurilor, evitîndu-se astfel un impozit de 2% perceput de cetate asupra importurilor și exporturilor. În secolele XVI - XVIII, Flandra a devenit paradis fiscal, întrucât comerțul efecutat prin porturile sale era supus la obligații fiscale și la restricții minore. Momentul care marchează creșterea importanței paradisurilor fiscale îl reprezintă sfârșitul celei de-a doua mari conflagrații militare mondiale. Specialiștii americani în societăți multinaționale D.K.Eiteman și A.L.Stonehill considera că aceasta se datorează creșterii numărului filialelor unei societăți–mamă.

În timpul evului mediu, proprietarii de pământ impuneau taxe abuzive sau nenumărate restricvții și limitări fiscale. Se găseau însă destule modalități de a eluda fiscalitatea ridicată prin așa numitele trusturi. Scopul acestora erau și de a păstra intactă proprietatea familială sau de a proteja tranzacţiile comerciale, însă aceste înlesniri erau doar apanajul celor cât de cât înstăriţi.

Între scolele al XVI lea şi XVIII lea, Flandra a fost primul paradis fiscal.

Apariţia faptelor de evaziune fiscală este legată de sec. XVII şi de piraţi, ca primii evazionişti. Paradisurile fiscale erau, de fapt, insulele unde piraţii îşi depozitau comorile confiscate. Amintim că în anul 1612 este consemnat primul caz de aministie fiscală cu referire la veniturile ilegale. Astfel, Anglia oferea piraţilor care renunţau la această meserie, atât dreptul de a-şi păstra banii, cât şi garantarea deplinei libertăţi.

După cel de-al doilea război mondial, numărul şi importanţa paradisurilor fiscale creşte datorită avantajelor pe care le oferă: impozite mici (sau chiar zero) pe venitului , secretul operaţiunilor bancare şi rapiditatea acestora evitarea dublei impuneri[43].

Un fenomen interesant s-a putut observa într-un anumit colţ al lumii. Imperiul Britanic era pe cale să se prăbuşească (creşterea sarcinilor fiscale a adus prejudiciu atât persoanelor fizice cât şi companiilor). Din ce în ce mai multe colonii şi teritorii independente de imperiu îşi revendicau autonomia şi independenţa. Acestea, odată cu dobândirea independenţei de Lonra pierd imensele sume cu care imperiul a susţinut aceste zone. Autonomia acestor teritorii a implicat şi organe legislative şi executive proprii şi politică fiscală proprie. Cu alte cuvinte autonomia înseamnă legi proprii şi regim propriu de impozitare. Aceste noi state independente trebuiau să găsească metode prin care să atragă capital, suplinind finanţarea britanică pierdută o dată cu dobândirea autonomiei. Aşa s-au format zonele cu fiscalitate redusă cunoscute sub denumirea de paradisuri fiscale.

---

[43] K., L. György. V., Laszló. D., J., Cooper. P*lanificare fiscală 2000*, Editura Napoca Star, Cluj-Napoca, 2000, p. 12.

3.1.3. Noțiunea de paradis fiscal

Sistemul financiar global a găsit o cale de a evadare a veniturilor din calea impozitării în forma evaziunii fiscale legale – paradisurile fiscale. Înconjurate de o aură de mister, de opacitate, paradisurile fiscale hrănesc imaginația oricui, oferind posibilitatea de a evita, în mod legal, plata impozitelor și taxelor, printr-un sistem clasic de repatriere a veniturilor obținute în țara de origine.

Orice contribuabil este tentat să plătească impozite și taxe cât mai mici sau să nu plătească nici un fel de impozit. Pentru a profita de astfel de slăbiciune umană, de-a lungul timpului au existat teritorii care au creat o legislație de atragere a fondurilor financiare, acordându-se facilități deosebite, dintre care cea mai importantă o constituie scutirea de impozite ori nivelul acestora extrem de redus. Aceste teritorii sunt denumite în literatura fiscală „*paradisuri fiscale*".[44]

Termenul de „*paradis fiscal*" este preluat din limba engleză, de la cuvântul „*tax-haven*", care înseamnă „*refugiu*", „*port fiscal*".[45]

În literatura de specialitate (juridică și economică) există puține și timide încercări de definire a „*paradisurilor fiscale*".

Potrivit Raportului Gordon, publicat în 1983 de Ministerul Finanțelor din Franța, „*paradisul fiscal*" reprezintă „*orice țară care este considerată ca atare și care se vrea astfel*".

Roger Brunet constată că „*se numește paradis fiscal un teritoriu în care persoanele fizice sau societățile au impresia de a fi mai puțin impuse decât altundeva*".[46]

---

[44] L., Grigorie. *Fiscalitate, controverse și soluții*, Editura Irecson, București, 2007, p. 9.
[45] Imaginea creată este a omului de afaceri comparat cu un marinar care își caută refugiul. El traversează „marea" legislațiilor fiscale și „furtunile" sale, ajungând apoi în paradisul fiscal, care este portul .
[46] R., Buziernescu. *Evaziunea fiscală internă și internațională*, Editura Universitaria, Craiova, 2007, p. 112.

„Paradisul fiscal" poate fi definit ca fiind *spațiul geografic (reprezentat de teritoriul unei țări sau numai de o parte a teritoriului unui stat) în interiorul căruia se acordă numeroase și felurite facilități fiscale: nu se percep impozite (ori acestea sunt constituite în cote reduse și privesc numai unele categorii restrânse de venituri sau bunuri), se asigură – la un nivel ridicat – secretul bancar, este stimulată dezvoltarea activităților comerciale și transferul beneficiilor, nu există restricții în privința schimburilor valutare etc.*[47]

Remarcăm că din punct de vedere al denumirii, noțiunea de "paradis fiscal", folosită în ultimii ani, tinde să fie înlocuită prin aceea de paradis financiar sau de centru financiar internațional.

Paradisurile fiscale sunt acele entități juridice, cu statut special sau de tip statal, primind această denumire (de paradisuri sau de oaze fiscale) în literatura secolului al-XX-lea.

Dintre factorii care au contribuit la apariția și dezvoltarea paradisurilor fiscale se numără: scăderea încrederii în instituțiile financiare locale, neîncrederea în agențiile guvernamentale și nevoia de intimitate.[48]

Aceste jurisdicții practică o concurență neloială[49] în ceea ce privește sistemul fiscal aplicabil.

Schimbul de informații în materie de venituri, de plată a taxelor și a impozitelor nu este bine văzut de investitori, fiind neproductiv în condițiile în care unicul interes al agenților economici este cel personal, propriu. Mai mult, costurile pe care le implică strângerea și diseminarea acestor informații sunt ridicate și nu au o compensare materială. De aceea absența reglementării schimbului de informații între autoritățile fiscale este un avantaj pentru agenții economici.

---

[47] S., M., Minea. C., F., Costaș. *Fiscalitatea în Europa la începutul mileniului III,* Editura Rosetti, București, 2006, p. 274

[48] Idem,*op.cit.*p17

[49] F., Nigel, Tax arbitrage: the trawling of the international tax system, Editura Spiramus Press Ltd., 2011, p. 1.

Din punct de vedere juridic însă, paradisurile fiscale sunt caracteristice sistemelor fiscale uşoare, ponderea prelevărilor fiscale în P.I.B. fiind redusă, de maxim 10%. Paradisurile fiscale mai sunt cunoscute şi sub denumirea de zone *under-regulated*[50] şi *non-cooperative jurisdiction*[51].

3.1.4. Caracteristicile şi avantajele utilizării paradisurilor fiscale

1. Caracteristicile paradisurilor fiscale

Paradisurile fiscale prezintă una sau mai multe dintre următoarele trăsături: absenţa unei legislaţii privind taxele sau impozitele sau reglementarea unor taxe ori impozite puţin semnificative; păstrarea secretului parţial sau total referitor la contribuabilii stabiliţi pe teritoriul în cauză, şi pe cale de consecinţă, neefectuarea niciunui schimb de informaţii cu autorităţi fiscale ori judiciare din alte state.

Caracteristicile paradisurilor fiscale, astfel cum au fost subliniate de O.C.D.E. sunt: absenţa sau caracterul redus al taxelor, lipsa unui sistem efectiv pentru a se realiza schimbul de informaţii, lipsa transparenţei şi lipsa cerinţei ca societatea comercială stabilită într-o astfel de locaţie să aibă activitate efectivă în acel loc.

Paradisurile fiscale prezintă anumite *caracteristici*[52] predominante:

---

[50] Under-regulated jurisdiction vizează sistemele juridice în care reglementarea normativă în una sau mai multe din domeniile dreptului financiar, fiscal, al societăţilor comerciale, valutar, penal ori administrativă nu atinge standardele prevăzute de instrumentele juridice internaţionale în vederea protejării integrităţii sistemelor financiare.

[51] Non-cooperative jurisdiction se referă la sistemele care nu corespund cerinţelor de cooperare juridică internaţională, prin neaderarea la instrumentele de cooperare internaţională emanând de la ONU, Consiliul Europei, OECD etc.

[52] L., Grigorie. op.cit. p. 16.

a) **Impozite reduse**

Majoritatea țărilor considerate paradisuri fiscale fie nu impun nici un impozit pe venituri sau impun impozite doar asupra unor categorii de venituri, fie impun un impozit redus, în comparație cu impozitele impuse de țările de origine ale celor care folosesc paradisurile fiscale respective.

Multe dintre paradisurile fiscale din regiunea Caraibelor sunt țări mici, mai puțin dezvoltate, ai căror locuitori sunt, în general săraci. Proporția redusă a populației cu un venit superior nivelului de subzistență ar putea face ca un sistem de taxare să nu fie satisfăcător. De aceea guvernele acestor teritorii au considerat mai eficient să-și procure resursele finanțării cheltuielilor publice în alt mod decât cel al impozitelor. Asemenea venituri se realizează din taxele de autentificare, de înmatriculare și reînnoire a firmelor înființate în asemenea teritorii. Se creează, de asemenea, noi locuri de muncă în domeniul consultanței financiare și juridice, se dezvoltă serviciile de telecomunicații și turism, etc.

b) **Secretul bancar**

Dacă în general secretul bancar este greu de penetrat în orice legislație, totuși, cele mai multe țări din lume nu protejează aceste informații în cazul unei anchete solicitate de un guvern străin, mai ales când aceste anchete au la bază un tratat bilateral sau multilateral de asistență juridică.

În schimb țările paradisuri fiscale refuză să divulge secretul bancar și comercial, chiar și atunci când este vorba despre comiterea unei grave încălcări a legilor unei alte țări.

Paradisurile fiscale oferă reguli restrictive de secret sau confidențialitate persoanelor care efectuează afaceri, în special cu băncile. Gradul de secret și amploarea restricțiilor variază de la țară la țară. Multe susțin o discreție între evaziunea fiscală și alte infracțiuni, cooperând când este vorba de investigarea cazurilor infracționale din sfera taxelor, dar refuzând să coopereze în cazurile de evaziune fiscală. În altele gradul de confidențialitate este direct corelat cu tipul de licență sau autorizație de funcționare:

c) **Importanța relativă a activității bancare**

În cele mai multe țări paradisuri fiscale urmează o politică de încurajare a activității bancare din străinătate. Acest lucru se face prin introducerea unei distincții între activitatea bancară a locuitorilor țării respective și aceea a cetățenilor străini. În general, activitatea cetățenilor străini nu este supusă unor cerințe în ceea ce privește rezerva de fonduri și nu este supusă contractelor exercitate asupra schimburilor valutare sau altor controale.

Paradisurile fiscale prosperă în mare măsură datorită prezenței băncilor străine. Activitatea financiară generează venituri sub forma onorariilor și a unor simbolice impozite asupra instituțiilor financiare. Activitățile financiare creează o infrastructură care poate fi folosită atât de companiile legitime, cât și de infractori, pentru a-și ascunde fondurile ilicite.

În comparație cu comerțul exterior, depunerile bancare din străinătate în jurisdicțiile paradisurilor fiscale sunt considerabil mai mari, decât conturile bancare străine în băncile care nu sunt paradisuri fiscale.

Unele din cele mai mari bănci străine au filiale în țări paradisuri fiscale. Ele și-au stabilit aceste sedii pentru a participa la piața eurodolarului, acceptând depuneri de la străini și împrumutând sume clienților străini.

d) **Mijloace de comunicație moderne**

Cele mai multe din țările considerate paradisuri fiscale posedă excelente instalații de comunicare, îndeosebi servicii de telefonie, cablu, telex, care le leagă de cele mai importante țări din care provin fondurile depuse sau spre care se îndreaptă fluxurile financiare.

Progresele realizate de utilizarea calculatoarelor electronice și a internetului în efectuarea decontărilor bancare au făcut din băncile situate în paradisurile fiscale o și mai mare atracție.

De asemenea, servicii aeriene sunt puse la punct și creează legături, cu principalele aeroporturi din țările bine dezvoltate din punct de vedere econimic.

e) **Lipsa controlului asupra monedei**

Multe paradisuri fiscale exercită un sistem de control cu dublă monedă care face deosebire între rezidență și nerezidență și între moneda locală și moneda străină. Regula generală este aceea că fac obiectul controlului monetar și valutar numai locuitorii din țara paradis fiscal, nu și cetățenii nerezidenți. Totuși în ce privește moneda locală și străinii trebuie să respecte restricțiile impuse localnicilor. O companie creată într-o țară paradis fiscal care are ca proprietar un nerezident și care își desfășoară activitatea comercială în afara paradisului fiscal este considerată ca entitate cu regim referitor la controlul asupra schimburilor valutare.

f) **Publicitatea promoțională**

Cele mai multe paradisuri fiscale își desfășoară publicitatea pe această temă, datorită avantajelor pe care le prezintă atragerea investițiilor străine. Multe din asemenea țări organizează seminarii internaționale, iar reprezentanții lor oficiali colaborează la întocmirea de articole care laudă virtuțile țării lor ca paradis fiscal.

Multe dintre țările paradisuri fiscale văd activitatea financiară o sursă de venituri relativ stabilă și caută să o promoveze activ.

Paradisurile fiscale favorizează interesele acelor investitori interesați să-și recicleze banii și care nu vor să plătească impozite pe profituri sau venituri.

Toate aceste caracteristici, contribuie la crearea unui cadru propice dezvoltării operațiilor economice cu sau fără motivație fiscală, singura condiție fiind compatibilitatea cu legislația acestor entități teritoriale.

2. Avantajele utilizării paradisurilor fiscale

Principalele *avantaje*[53] ale paradisurilor fiscale decurg din faptul că:

- unele țări nu percep nici un impozit pe venituri, pe plus-valorile de capital, pe avere;
- alte țări au stabilit o percepere de impozit pe venituri aferente unei baze teritoriale: dacă beneficiile nu își au sursa pe teritoriul statului respectiv, nu există impozit;
- alte țări au încă rate scăzute de impozitare;
- anumite țări oferă avantaje specifice pentru tipuri specifice de societăți (de exemplu holdinguri societăți scutite, etc.)

Scopul utilizării paradisurilor fiscale este simplu: „să plătești mai puțin și să câștigi mai mult."

Persoanele fizice sunt interesate de utilizarea paradisurilor fiscale din două motive: pe de o parte, pentru a profita de politicile guvernamentale din aceste țări, având ca obiect dezvoltarea anumitor activități, iar pe de altă parte, caută țările unde impozitarea este foarte scăzută, respectiv nulă, sau unde s-au stabilit acorduri cu țările cu o impozitare puternică, care oferă posibilitatea unor reduceri pentru impozitele plătite în prima țară.

Persoanele juridice, la rândul lor, utilizează paradisurile fiscale din următoarele motive: [54]

- anumite paradisuri fiscale impozitează beneficiile în anul următor realizării lor, impozitul fiind calculat pe ansamblul beneficiilor raționale și străine. Aceasta permite întreprinderilor care au filiale în străinătate să întârzie impozitarea;

---

[53] R., Busiernescu.Evaziunea fiscală internă și internațională op. cit, p. 115

[54] C., Dauphin. Ghidul cu adevărat practic al paradisurilor fiscale, op. cit, p. 25; D., Drosu Șaguna. Tratat de drept financiar și fiscal, Edit.ura All Beck, București, 2001, pp. 653-654

- paradisurile fiscale sunt adesea folosite pentru a efectua tranzacţii de brevete, mărci şi procedee de fabricaţie;
- înfiinţarea unui filiale într-un paradis fiscal permite o mai mare supleţe şi o discreţie mărită în gestiune;
- filială în cadrul unui paradis fiscal poate fi utilizată de o întreprindere ca punct de cumpărare pentru propriile mărfuri. Acestea din urmă sunt revândute uzinelor din străinătate profitându-se de remizele obişnuite fără a pierde beneficiul vânzării;
- cumpărarea de material la preţul pieţei locale printr-o filială implantată într-un paradis fiscal permite realizarea de beneficii neimpozabile;
- companiile de asigurări captive sunt utilizate de firme multinaţionale pentru a devenit propriul lor asigurator, datorită costurilor substanţiale ale asigurărilor, precum şi datorită caracterului neasigurabil al unora dintre activităţile lor. Compania de asigurări captivă poate deveni totodată un mijloc de finanţare al investiţiilor firmei mamă;
- băncile captive sunt organisme create pentru necesităţile proprii ale unui grup de indivizi. Acestea au statut de bancă non – rezidentă şi pot efectua operaţiuni de orice natură, cu excepţia celor care implică rezidenţi din ţările în care acestea sunt instalaţi;
- constituirea unui trust este uşurată în mare parte pentru persoanele originare dintr-o ţară guvernată prin British Common Law;
- paradisurile fiscale abundă în jurişti, bancheri şi contabili extrem de compentenţi.

Un aspect important este că un paradis fiscal poate fi avantajos pentru o persoană fizică şi fără nici un interes pentru o persoană juridică sau prezintă avantaj pentru persoana juridică și dezavantaj pentru persoana fizică.[55]

Adevărul este că nu există un paradis fiscal perfect sau cel mai bun, pentru că într-o astfel de situație toți investitorii se vor năpusti în acel teritoriu, iar celelalte paradisuri fiscale ar dispărea.

3.2. Companiile OFFSHORE în paradisurile fiscale

Societățile offshore sunt acele societăți comerciale care ființeaza în țări în care ansamblul legislativ, reglementările, tradiția, tratatele de evitare a dublei impuneri fac posibilă reducerea fiscalității.

Faptul că o societate comercială - a cărei firmă este de notorietate - plătește impozite pe profit foarte mici sau nu plătește deloc astfel de impozite nu trebuie sa ne conducă la concluzia că această societate nu este profitabilă. Într-o astfel de situație este interesant de observat dacă aceasta nu are deschisă o filială într-unul din paradisurile fiscale bine cunoscute, prin intermediul căreia repatriază profitul său, cu scopul de a nu plăti impozit.

În Bahrein, de exemplu, nu se percep impozite decât în cazul veniturilor obtinute în industria petrolieră (în cuantum de 45%). Așadar impozitele pe cladiri, pe terenuri, pe dividende

---

[55] De exemplu, principatul Monaco este un veritabil paradis juridic fiscal pentru persoanele fizice, pentru că nu are stabilit nici un fel de impozit asupra veniturilor. În schimb, nu este avantajos pentru societățile ce și-ar fi stabilit sediul aici, pentru că aceștia ar fi fost obligați să plătească un impozit de 35 % asupra beneficiului obținut, dacă mai mult de 25% din acesta este realizat în afara principatului.
Pe de altă parte, insula Jersey este unul din cele mai avantajoase paradisuri fiscale pentru societățile comerciale și nerezidente care sunt constituite acolo, pentru că, în baza unui abonament de 300 lire pe an, ele nu trebuie să declare nici un beneficiu sau să țină evidența contabil. Însă pentru o persoană fizică, situația este mai puțin favorabilă, pentru ca impozitul asupra veniturilor este de 20%

etc. nu sunt cunoscute. Totodată, nu se realizează controale valutare, iar băncile au interdicția legală de a percepe dobânzi (la credite etc.)

Pentru înființarea unei astfel de societăți sunt necesare parcurgerea etapelor obișnuite ale înființării oricărei companii, cu precizarea că legislația care guvernează aceste paradisuri fiscale este caracterizată de un nivel redus al birocrației, de taxe mici practicate în sensul înființării unei astfel de societăți comerciale și de o fiscalitate extrem de redusă. Înființarea unei societati off-shore presupune existența unui capital social al cărui cuantum variază în funcție de legislația locului unde este înființată societatea, a documentelor de înființare și de plata unei taxe de constituire. Toate formalitățile de înființare pot fi îndeplinite de consultanți legali internaționali sau locali. De exemplu, în cazul înființării unei societăți comerciale în Bermuda, capitalul social minim este de 1 dolar; în Costa Rica, limita minima a capitalului social este de 100 dolari.

Birocrația mult diminuata permite înființarea unei societăți comerciale într-un interval orar de 24 de ore în Costa Rica. În statul american Delaware, durata înregistrării unei companii este de 10 minute, iar actele necesare pot fi obținute într-un interval de 24 de ore.

Jurisdicția paradisurilor fiscale impune stabilirea unui sediu social, care, uneori, poate fi si o căsuță poștala, a unui reprezentant ce îndeplinește rolul de funcționar nominalizat sau a unui manager local. Asociaților societăților offshore le este garantată discreție absolută, acestia putând sa ramâna anonimi, în Registrul Oficial al acționarilor figurând, de fapt, reprezentanții numiți de proprietari. Important este faptul că în cadrul unei astfel de societăți există o rigoare în privința protejării caracterului anonim al acționarilor pe de o parte și, pe de altă parte, al asigurării controlului deplin al adevaraților proprietari asupra firmei.

Aspectele legate de existenţa unui sediu social, cerinta ca reprezentantul societatii si managementul sa fie local sau nu, cerinta existenţei şi ţinerii adunarilor generale în ţara unde este situat respectivul off-shore sunt reglementate diferit, în funcţie de fiecare paradis fiscal în parte.

Returnarea fondurilor create în paradisul fiscal către ţara de origine se realizează prin procedee diferite: donaţii sau împrumuturi de la firmă către persoana fizică, care este adevăratul proprietar al firmei; plăţi indirecte către rudele proprietarului firmei offshore; conturi deschise la diverse bănci, sub limita plafonului care trebuie motivat obligatoriu. Modalităţile cele mai frecvente de evaziune fiscală prin intermediul unei firme off-shore rezidă în următoarele forme: o societate românească exportă un produs către o firmă offshore la un preţ ce nu acoperă costurile de producţie (societatea offshore, care aparţine tot asociatului firmei româneşti, revinde marfa la preţul pieţei, obţinând o diferenţă în plus, pe care o depune în contul său; societatea de naţionalitate română lucrează în pierdere, neputându-şi plăti creditorii şi nedistribuind dividende acţionarilor/asociaţilor, pentru a-şi putea continua activitatea apelând la credite de la firma offshore, plătindu-i şi dobânzile aferente); utilizarea unor facturi de import supraevaluate, creându-se posibilitatea scoaterii din ţară a unor sume dobândite ilicit. Atractivitatea centrelor offshore rezidă şi în capacitatea proprie de inovaţie, de creare de noi produse financiare şi de strategii de marketing noi[56].

O altă metodă de a profita de o fiscalitate minimă a unui stat o reprezintă – "preţurile de transfer". Astfel, o firmă internaţională având sesiul principal într-un stat exportă mărfuri în alt stat, folosind însă, ca intermediari, două filiale ale sale din alte state. Spre exemplu, o companie canadiană, prin

---

[56] S.,Gaftoniuc . *Finanţele internaţionale*, Editura Economică, Bucureşti, 2000, p. 387.

filiala sa din Germania, vinde mărfuri către o companie din
Franţa dar nu direct, ci prin intermediul filialei sale din Elveţia,
deoarece aici fiscalitatea este minimă. Mecanismul este
următorul: mărfurile sunt vândute către filiala din Elveţia la un
preţ minim, iar aceasta va revinde marfa către beneficiarul din
Franţa la preţul real. Astfel, impozitele plătite de firma
canadiană prin filiala sa din Germania vor fi mai mici, deoarece
a fost folosită firma din Elveţia, unde fiscalitatea este mai mică,
aşadar presiunea fiscală este mai mică decât cea pe care ar fi
suportat-o dacă nu îşi folosea intermediarii. Marfa nu se
deplasează efectiv, ci doar scriptic, în evidenţele contabile ale
firmei şi filialelor sale[57].

3.2.1 Noţiunea de „COMPANIE OFFSHORE"

În ultimii ani, controversatul termen „*paradis fiscal*" s-a
transformat în mult mai preţiosul „*centru financiar offshore*"[58], şi
aceasta datorită instrumentului principal utilizat în desfăşurarea
afacerilor în cadrul paradisului fiscal, reprezentat de *societatea
offshore.*

În limbajul englez comun „*offshore*" înseamnă „*dincolo de
ţărm*". În limbajul economic de specialitate termenul
desemnează *activităţi în afara graniţelor naţionale ale satului în care
sunt rezidente.*

O „*companie offshore*"[59]„*este o societate înregistrată într-o ţară
sau într-un teritoriu dependent al unei ţări cu legislaţie autonomă,dar care
nu desfăşoară activitaţi economice pe teritoriul respectiv.*[60]

Teoretic, companii offshore se pot înfiinţa în orice ţară
din lume, dar nu peste tot se pot obţine şi avantaje fiscale. Or,

---

[57] Th., Mrejeru. D., Florescu. D., Safta. M.,Safta. op.cit., p. 30.
[58] C., Bişa, I., Costea. M., Capotă. B., Dăncău. Utilizarea paradisurilor
fiscale – între evaziunea fiscală legală şi frauda fiscală, Editura B-T
Publishing House, Bucureşti, 2005, p. 35.
[59] Ibidem,
[60] R., Buziunescu. Evaziunea interna si internationala, op. cit, p. 153.

tocmai facilitățile oferite de teritoriile paradisuri fiscale sunt cele care atrag înființarea și funcționarea unor asemenea companii. Aceste teritorii oferă companiilor offshore un statut fiscal generos în raport cu firmele care lucrează în interior, caracterizat printr-o impozitare redusă sau inexistentă.

Societatea sau compania offshore este un instrument financiar utilizat pentru planificarea și evitarea impozitelor, pentru creșterea profitabilității afacerii, pentru participarea (ca acționar sau asociat) la managementul afacerii, cu deplină libertate a mișcării resurselor financiare și în deplin anonimat al proprietarului.

3.2.2. Tipuri de societăți OFFSHORE și scopul constituirii acestora

Companiile offshore sunt înființate în **scopul** realizării următoarelor operațiuni:

- tranzacții comerciale în străinătate;
- investiții prin intermediul unei companii offshore;
- înregistrări de nave și aeronave;
- achiziționarea de proprietăți;
- formarea de companii holding;
- înființarea de societăți de asigurare;
- înființarea de bănci;
- din motive de reputație;
- pentru a amplasa averea personală într-un mediu sigur;
- protecția bunurilor.

Scopul consituirii unei companii offshore, extrem de diversificat, reprezintă totodată unul din cele mai importante aspecte legate de înființarea societății, întrucât, în contextul mondializării schimburilor, se consideră că o întreprindere care ignoră paradisul fiscal se condamnă la non-competivitate. Prin aceasta, compania offshore va trebui să fie în măsură înainte de toate să-și cunoască cu adevărat interesele.

61

Domeniile principale în care acționează societățile offshore sunt: serviciile bancare, asigurările, comerțul (export-import), managementul, coordonarea de investiții, construcțiile-montaj, recrutarea de personal, serviciile de trezorerie.

„Hainele" juridice pe care le pot îmbrăca entitățile offshore sunt variate, ele particularizându-se în funcție de obiectul de activitate al viitoarei companii, mai exact de genul de afaceri care va fi derulat prin aceasta.

Teoria economică distinge mai multe *tipuri*[61] de societăți offshore situate în paradisurile fiscale, astfel:

Societățile comerciale offshore – acestea sunt folosite pentru a reduce profiturile societăților–mamă situate în zone cu fiscalitate ridicată.

Companii offshore de investiții – în unele teritorii paradisuri fiscale, autoritățile pot oferi facilități fiscale întreprinzătorilor care investesc în domenii particulare. Scopul acordării acestor facilități est: dezvoltarea unor zone, atragerea de capitaluri și tehnologii, reechilibrarea balanței comerciale, fixarea forței de muncă susceptibilă de emigrare;

Companii offshore de credit – calitatea de proprietar al unei companii offshore de credit conferă posibilități minimizând taxele pentru creditele acordate și fondurile împrumutate, și de a îmbunătăți serviciile financiare și de credit oferite clienților;

Holding-ul offshore – este utilizat pentru finanțarea activității filialelor sale, aflate sub diverse jurisdicții oferindu-le posibilitatea unor reduceri a impozitelor aferente dobânzii pentru creditele acordate de compania mamă. În acest caz, holding-ul se constituie într-o zonă offshore, unde nu va plăti alte impozite. Profitul realizat prin această metodă poate fi folosit pentru finanțarea unor activități, efectuate de holding, sau pentru reinvestirea acestuia în alte scopuri.

---

[61] Ibidem, p. 164.

Băncile offshore – băncile captive sunt băncile care lucrează sub acoperirea altor bănci. După modelul societăților captive de asigurare, un grup important își poate înființa o bancă proprie, localizată într-un paradis fiscal, și care să funcționeze într-un regim offshore. Banca poate avea ca activitate principală „gestiunea centrală a trezoreriei ansamblului grupului."

Companii captive străine de asigurări[62] - companiile captive de asigurări sunt definite drept companii deținute sau controlate de o altă întreprindere, al cărei obiect este, în primul rând, acoperirea necesarului de asigurări este supusă unor condiții mai restrictive, chiar și în paradisurile fiscale, fiind necesară obținerea unei licențe, precum și asigurarea unui capital minim destul de important.

Toate aceste companii oferă o serie de facilități: o companie offshore înregistrată într-un paradis fiscal fiind singura entitate economică cu o gamă largă de utilizări care sunt stabilite în mod concret de către proprietarii și directorii a căror responsabilitate constă în evaluarea avantajelor și dezavantajelor companiilor offshore.[63]

3.2.3. Avantajele oferite de companiile OFFSHORE

Avantajele oferite de companiile offshore înregistrate în paradisurile fiscale sunt[64]:

- Anonimitate și confidențialitate;
- Suportă taxe reduse și ajută la o mai bună planificare internațională a taxelor;
- Lipsa controalelor valutare;
- Operează într-un sistem economic și politic stabil;

---

[62] Aproximativ 85% din totalul societăților captive sunt situate în țările ce oferă facilități fiscale.
[63] R., Buziernescu. R., Drăcea. R.,Burnea. *Paradisurile fiscale între teorie și practică*, în „Finanțe, Bănci, Asigurări", nr. 12, decembrie 2006.
[64] L Grigorie ,Fiscalitate controverse si solutii, pp. 58 și următoarele.

- Operează într-un sistem bancar bine organizat şi dezvoltat;
- Posibilitatea diversificării obiectivului de activitate fără nici o restricţie;
- Regulamente lejere;
- Posibilitatea de expansiune mult mai bună.

Anonimatul şi confidenţialitatea

Anonimatul[65] şi confidenţialitatea sunt invocate ca principale avantaje ale companiilor offshore, după taxele scăzute sau chiar lipsa acestora.

Angajatorii sunt obligaţi prin jurământ să păstreze secrete numele beneficiarilor nerezidenţi. Doar datele generale sunt prezentate din când în când pentru a informa guvernul şi publicul cu privire la evoluţia în acest domeniu. În funcţie de dorinţa beneficiarului companiei, identitatea acestuia poate fi cunoscută doar de cei cu care lucrează în mod direct, cum ar fi directorul general şi adjunctul.

Suportă taxe reduse şi ajută la o mai bună planificare internaţională a taxelor

În jurisdicţiile care nu percep taxe (taxe pe venit, TVA, taxe pe salarii, taxe pe dividende, taxe municipale, taxe pe drumuri, taxe imobiliare etc.) cum ar fi Bahamas, Gibraltar, o companie înregistrată nu plăteşte nici un fel de taxă.

Dacă se ia în considerare o jurisdicţie cu taxe scăzute, se percepe taxa pe profitul companiei, o jurisdicţie cu astfel de taxe este Ciprul, unde se aplică o taxă de 4,25% pe profitul brut.[66] Nu există limite în ceea ce priveşte aceste cheltuieli decât bunul simţ. Mai mult, salariile nu sunt taxabile. Totuşi, alte

---

[65] Pe plan mondial peste 95% din deţinătorii de companii offshore folosesc o structură de anonimat, restul preferând o structură deschisă.

[66] Profitul brut este calculat prin scăderea din venit a tuturor cheltuielilor făcute de o companie pentru desfăşurarea afacerilor. Acesta include costul bunurilor vândute, salariile, cheltuielile de călătorie, cazare şi protocol, taxe profesionale, comisioane etc.

jurisdicții, de exemplu Insula Mann, impun o taxă fixă oricărei companii, indiferent de profiturile sau pierderile acestuia.

În ceea ce privește planificarea internațională a taxelor, companiile internaționale folosesc entitățile offshore pentru a-și dirija profiturile către acestea și pentru a-și desfășura activitatea astfel încât să plătească cât mai puține taxe.

Existența unor tratate de evitare a dublei impuneri internaționale împreună cu taxele scăzute oferă posibilități imense pentru planificarea taxelor.

Lipsa controalelor valutare

Mulți oameni de afaceri încearcă să evite stabilirea unei baze străine acolo unde există controale valutare sau sunt intenționat complicate formalități ce privesc aceste operațiuni.

Companiile offshore nu sunt supuse controalelor valutare de nici un fel, ele pot primi fonduri fie în cash, fie sub altă formă, în orice tip de valută și de asemenea pot face plăți către orice persoană în orice țară, sau pot face retrageri de fonduri fără nici o explicație sau documente cerute de bancă. Astfel, compania operează într-un sistem bancar nerestrictiv.

Companiile offshore pot menține conturi în orice tip de valută, sub formă de conturi curente, conturi cu preaviz, sau depuneri la termen fix, iar dobânzile sunt similare cu cele practicate la nivel internațional. Fondurile din aceste conturi pot fi transferate în străinătate fără nici un fel de restricție și fără solicitarea unor documente sau a unor permise.

Operează într-un sistem economic și politic stabil

Orice om de afaceri, orice investitor își dorește să își desfășoare activitatea într-o țară ce are aceste caracteristici. Nimeni nu dorește să își vadă banii pierduți din cauza schimbării guvernelor, sistemului de guvernare sau din cauza instabilității economice ce poate aduce cu ea inflație, regresie economică și multe alte probleme.

Unul din cele mai mari avantaje ale Ciprului ca centru offshore este stabilitatea economică şi politică într-o regiune vulnerabilă. Războiul civil din Liban i-a conferit Ciprului primul avantaj în 1970, urmat de Războiul din Golf din 1990 şi colapsul Iugoslaviei. Multe companii care au venit pentru un refugiu temporar au rămas atunci când au văzut că această ţară le oferă mai mult de atât.

Operează întru-un sistem bancar bine organizat şi dezvoltat

Aceasta este una din priorităţile pe care orice centru financiar offshore le are de îndeplinit. La aceasta au contribuit şi marile bănci ale lumii ce şi-au stabilit centre de operare în aceste zone şi au ridcat astfel standardul de desfăşurare al acestei activităţi.

Având în vedere modul în care se desfăşoară afacerile astăzi este de neconceput ca un centru financiar offshore să nu aibă un sistem bancar bine dezvoltat.

Posibilitatea diversificării obiectului de activitate fără nici o restricţie

Centrele financiare offshore permit în mod frecvent diversificarea obiectului de activitate al unei companii, operaţie care nu este posibilă în ţara de origine a investitorului. Companii cu impuneri şi restricţii dureroase în ţara lor de origine pot găsi nenumărate soluţii comerciale în centre offshore, scăpând astfel de multe din probleme. Trebuie menţionat şi faptul că formalităţile de diversificare a activităţii unei companii sunt îndeplinite fără prea multă birocraţie.

Regulamente lejere.

Frica de regulamente excesive este o atracţie majoră spre acest domeniu şi este motivul pentru care înregistrarea de bănci, societăţi de asigurări sau societăţi de transport maritime a devenit un pilon important al industriei offshore. Un mare val de instrumente financiare se deplasează spre domeniul offshore pentru același motiv. Acest val include fonduri de investiții închise, instrumente de plată, comerțul cu Eurodolari.

Posibilitatea de expansiune mult mai bună.

Marile corporații văd centrele offshore ca pe ceva indispensabil pentru expansiunea lor pe noi piețe la costuri competitive. De exemplu, centrele financiare offshore domină câteva activități internaționale cum ar fi: shippingul, transportul aerian, domeniul financiar și al societăților de asigurări captive. În ultimul timp au fost înregistrate aproximativ un milion de companii offshore în toată lumea, iar multe din corporațiile de pe piața mondială operează cu aceste centre (IBM și Microsoft în Dublin, Orient Express și American Airlines în Bermude, GE și CNN în Cipru).

În concluzie, firmele offshore se constituie într-un instrument legal de lucru în optimizarea din punct de vedere fiscal și al siguranței afacerii.

3.2.4. Legitimitatea operațiunilor OFFSHORE în paradisurile fiscale

Societățile comerciale offshore sunt strict legate de paradisurile fiscale cunoscute din Caraibe (Anguilla, Antigua și Barbuda, Bahamas, Virgin Islands, Cayman Islands, Dominica, Grenada, Montserrat, Antilele Olandeze, Saint Lucia, Saint Vincent and the Grenadines, Turks și Caicos), America Centrală (Belize, Costa Rica, Panama), partea de est a Asiei (Hong Kong, Macau, Singapore,), Europa Mediteraneană (Andorra, Cipru, Gibraltar, Isle of Man, Irlanda, Liechtenstein, Luxemburg, Malta, Monaco, San Marino, Elvetia,), Orientul Mijlociu (Bahrain, Iordania Liban), Atlanticul de Nord (Bermuda), Pacific (Cook Islands, Marshall Islands, Samoa, Nauru, Niue, Tonga, Vanuatu) vestul Africii (Liberia).

Este dificil de întocmit o listă exactă a paradisurilor fiscale în lume. În mod tradițional O.E.C.D operează cu două liste a paradisurilor fiscale, una obișnuită și o listă neagră a acestora. Lista neagră a paradisurilor fiscale cuprinde acele jurisdicții care nu au acorduri de schimb de informații, de cooperare cu celelalte state. Această listă a fost modificată continuu; astfel, dacă în anul 2000 lista neagră cuprindea 35 de state, în prezent pe listă figurează doar trei state: Andorra, Liechtenstein și Monaco.

Elveția ocupă un loc cheie din acest punct de vedere. Se știe că "singurul produs offshore căutat în Elveția este contul elvețian."[67] Acesta oferă avantaje incredibile; astfel secretul bancar nu este negociabil, iar evaziunea fiscală nu este reglementată în legislația elvețiană ca infracțiune, ci ca delict civil. De aceea autoritățile elvețiene nu au permisiunea de a colabora cu serviciile fiscale străine. Inflexibilitatea elvețiană se explică prin faptul că serviciile financiare au o pondere de 11% din produsul intern brut.

Jurisdicțiilor care ar putea fi considerate în mod tradițional paradisuri fiscale, li se adaugă altele, care capătă temporar caracteristici similare paradisurilor fiscale; în acest sens, remarcăm state de mari dimensiuni - S.U.A., Marea Britanie, Olanda, Danemarca, Ungaria, Israel, Portugalia, Canada, ori locuri din anumite state – orașul italian Campione d' Italia amplasat în Elveția.

Un exemplu: în anul 2006, Bono și alți membri ai formației U2 și-au „mutat" compania lor muzicală din Irlanda în Olanda, pe fondul creșterii fiscalității în domeniul drepturilor de autor în Irlanda[68].

Un alt exemplu, și mai apropiat de zilele noastre: în anul 2013, actorul francez Gerard Depardieu și-a transferat domiciliul fiscal din Franta in Rusia, pe fondul impozitarii excesive (75%) a averilor celor bogați. În aceste condiții numărul structurilor cu fiscalitate zero se ridică la un milion[69].

---

[67] *Ibidem*, p. 77
[68] J., Gravelle. *op.cit.*, p. 6.
[69] N.,Feetham. *op.cit.*, p. 1.

Domeniile principale în care pot fi utilizate societatile offshore sunt, de regulă, serviciile financiar - bancare; serviciile de asigurări; societățile de comerț (import - export); societățile de recrutare personal; serviciile de consultanță legală, management, construcții etc.

Particularitatea esențială a entităților offshore constă în evitarea prin mijloace legale a oblligațiilor fiscale. Prin urmare, această sustragere nu se poate confrunta cu noțiunea de evaziune fiscală. Sub acest aspect, Dicționarul de economie al celebrei reviste „The Economist" definea *evaziunea fiscală* astfel[70]: *„neplata obligației fiscale a unei persoane fizice sau juridice către stat prin metode frauduloase, ca de exemplu, nedeclararea profitului, micșorarea valorii reale a profitului prin creșterea cheltuielilor sau diminuarea venitului prin fals sau uz de fals, înregistrarea la organele fiscale a balanțelor și a bilanțurilor contabile false, bancruta, etc."*

Pe de altă parte, potrivit aceluiași dicționar, evitarea legală a sarcinilor fiscale (*evaziunea fiscală legală*) *reprezintă structurarea activităților financiare în conformitate cu legea în scopul minimalizării obligației fiscale.*

Înființarea și activitatea companiilor offshore sunt, prin urmare, operațiuni legale de evitare a fiscului, iar regimul fiscal de non-impozitare este garantat prin lege și nu este rezultatul unor mașinațiuni frauduloase, așa cum se consideră în general. De altfel, marile firme de contabilitate și-au dezvoltat propriile departamente ce se ocupă exclusiv de operațiuni în paradisurile fiscale pentru clienții lor interesați.

Deși impresia generală este că paradisurile fiscale se ocupă în primul rând de „spălarea" banilor de orice proveniență fără a adresa întrebări stânjenitoare clienților lor, de fapt, în centrele offshore respectabile, regulamentele sunt mai dure decât în statele dezvoltate. Sub acest aspect, trebuie relevat că majoritatea guvernelor din statele offshore

---

[70] http://facultate.regielive.ro/proiecte/finanțe/paradisurile_fiscale

supraveghează cu mare atenție activitatea băncilor licențiate în teritoriu și aprobă cu exigență maximă crearea de noi instituții financiare. Falimentul din 1991 al Băncii de Credit și Comerț Internațional, și alte evenimente, au constituit împrejurări ce au determinat înăsprirea supravegherii activităților offshore în vederea identificării potențialilor escroci financiari. Totuși, creșterea interesului pentru companiile offshore a fost direct proporțională cu accelerarea ratei criminalității economice.

Paradisurile fiscale, prin facilitățile puse la dispoziția clienților lor, reprezintă pentru majoritatea escrocilor financiari, adevărate „oaze de albire" a banilor proveniți din diverse activități prohibite de lege.

În acest context, companiile offshore au reprezentat un adevărat „magnet" nu numai pentru persoanele dornice să-și protejeze beneficiile de fiscalitatea ridicată, dar și pentru cele care sperau să-și rotunjească substanțial veniturile prin mușamalizarea profiturilor ilegale sau pe seama naivității unora.

Utilizarea firmelor offshore, a facilităților financiare, bancare și fiscale din paradisurile fiscale constituie o practică internațională curentă și nu întotdeauna lipsită de riscuri. Organismele internaționale încearcă să prevină utilizarea paradisurilor fiscale ca baze ale activităților criminale, dar și migrația evidentă a contribuabililor și a instituțiilor financiare importante[71].

3.2.5. Reglementări juridice naționale în vederea combaterii evaziunii fiscale prin societățile offshore

În ceea ce privește incidența legislației naționale în utilizarea societăților offshore de către rezidenții români trebuie arătat că, în conformitate cu Regulamentul Băncii Naționale a României nr. 3/1997, privind operațiunile valutare, investițiile directe ale rezidenților în străinatate necesită aprobarea B.N.R.

---

[71] C., Bișa. I., Costea. M.,Capotă. B., Dancău. *op. cit.*, p. 150.

Astfel, conform art. 5 din Reguament, operațiunile valutare de capital pot fi efectuate numai cu autorizarea B.N.R. În acest sens, există obligația rezidenților de a raporta aceste operațiuni B.N.R. în termen de 30 de zile de la efectuarea lor. Având în vedere însă caracterul anonim al investițiilor, precum și faptul că, în anumite paradisuri fiscale, capitalul minim de înființare nu este cerut, se poate concluziona ca nu în toate cazurile este necesar acordul B.N.R. În afară de acest document legal, nu exista în România un alt text de lege care să aibă incidența asupra acestui tip de structurare a unei afaceri prin crearea unui offshore.

3.3. Paradisurile fiscale în Europa

3.3.1. Precizări prealabile

O Europă fiscală sau socială nu există, de aceea, disponibilitățile – pe această temă – variază foarte mult, pe de o parte – de la o țară la alta, iar pe de altă parte – chiar la nivelul Uniunii Europene. O explicație ar fi aceea că în chiar interiorul Uniunii Europene s-au înmulțit paradisurile fiscale, situație care, - prezentând un pericol potențial pentru viitorul Comunității – produce dificultăți guvernanților. În vederea înlăturării acestui pericol se întreprind măsuri severe: verificarea severă a dublei reședințe a contribuabilului, revederea clauzelor privind: schimbul de informații, a clauzelor de asistență privind recuperarea datoriilor reciproce etc.

Un aspect important este că un paradis fiscal poate fi avantajos pentru o persoană fizică și fără nici un interes pentru o persoană juridică sau prezintă avantaj pentru persoana juridică și dezavantaj pentru persoana fizică.

Adevărul este că nu există un paradis fiscal perfect sau cel mai bun, pentru că într-o astfel de situație toți investitorii se vor năpusti în acel teritoriu, iar celelalte paradisuri fiscale ar dispărea.

Statele considerate ca fiind *paradisuri fiscale* constituie un refugiu pentru toate tipurile de societăţi cu scopul de a permite beneficiarilor să reducă şi respectiv chiar să suprime în totalitate taxele la care sunt supuşi în deplină legalitate şi de o manieră practic imposibil de controlat de către serviciile fiscale din ţara de origine. În aceste mici ţări, în marea majoritate insulare, se poate alege domeniul fiscal, locul de instalare a bazei de lucru, se poate trăi aici, se pot câştiga bani sau se poate obţine cetăţenia şi se adresează fie persoanelor fizice, fie persoanelor juridice, fie ambelor în acelaşi timp.

În lume există aproximativ 60 de paradisuri fiscale. Unele, după ce au dispărut, aşa cum e cazul Libanului, renasc din propria cenuşă. Altele, aşa cum este Elveţia, sunt pe cale de dispariţie sau au dispărut de curând, cum este Hong-Kong-ul. Concomitent, în alte locuri se nasc paradisuri noi.

Subiect „fierbinte" prin excelenţă, paradisurile fiscale sunt uneori la o „bătaie de puşcă" şi binecunoscute de turişti: Andorra, „seducând" odată în plus, Austria este vestită pentru secretul său bancar, fără a uita de Monaco sau Gibraltar.

Altele sunt totodată adevărate paradisuri de vacanţă: Caraibele cuprind un număr mare de state cu o fiscalitate privilegiată, insulele Caimans posedă o bancă pentru cei 60 locuitori, iar insulele Cook îi fac să viseze pe bancheri.

Paradisurile fiscale există. Ele pot fi utilizate pentru a realiza profituri mari, pentru protecţia banilor şi pentru a scăpa de taxele numeroase. În zilele noastre, cele mai bune posibilităţi de investire se găsesc dincolo de propriile frontiere, în cadrul numeroaselor pieţe străine.

3.3.2. Modele de paradisuri fiscale în EUROPA

1. ALDERNEY

Alderney reprezintă un grup de mici insule situate în Canalul Mânecii, în imediata apropiere a coastelor franceze (chiar la intrarea în Golful Saint Mala). În prezent, grupul de insule are un organism legislativ propriu (cu puteri limitate) și autorități administrative care controlează bugetul local[72].

Alderney se supune, în general, legislației britanice care, însă, este „îndulcită" de unele legi cutumiare și de anumite hotărâri ale parlamentului local. Astfel, în ultimii ani, au fost adoptate și puse în aplicare o serie de legi prin care se recunoaște statutul (privilegiat sub aspectul facilităților fiscale) al companiilor exceptate (1995), administrarea afacerilor și conducerea companiilor (2000).

În Alderney se percepe exclusiv un impozit pe venit de până la 30% (atât pentru persoanele fizice cât și pentru persoanele juridice). Societățile comerciale exceptate (care se pot constitui și numai cu un singur acționar) plătesc o taxă de înmatriculare de 100 lire sterline.

În ceea ce privește sistemul financiar-bancar, în Alderney funcționează o schemă de compensare a depunătorilor (la care instituțiile financiare pot adera dacă vor) în conformitate cu care băncile se sincronizeaza garantând clienților – în cazul când una dintre ele ar avea probleme – menținerea în proporții mulțumitoare a depunerilor efectuate.

2 ANDORRA

Andorra, situată pe o vale pierdută între zidurile muntoase ale Pirineilor, la granița dintre Franța și Spania, cu capitala la Andorra la Vella – este cunoscută de turiști ca un loc de tranzit în care se pot face cumpărături la prețuri mult mai mici decât în alte părți, datorită faptului că nu se percep taxe vamale, accize etc.

În Andorra, profitul, dividendele sau veniturile nu sunt impozitate. De asemenea, câștigurile de capital nu sunt impozitate. Impozitele plătite de o societate sunt legate de

---

[72] St., M., Minea. C., F., Costaș.*op.cit.*, p. 281

asigurările de sănătate şi protecţia socială şi sunt de 13% la salariul angajatului şi de 5% plătit de angajat[73].

Băncile din Andorra duc o politică conservatoare şi înregistrează rate de solvabilitate ridicate. Pentru a preveni spălarea banilor, în 1995, guvernul andorran a introdus „Legea protejării secretului bancar şi prevenirii spălări banilor sau a bunurilor provenite din activităţi ilegale".

Andorra constituie, pentru moment, loc de atracţie în special pentru persoanele fizice bogate şi mai puţin pentru entităţile juridice offshore care nu pot deţine controlul absolut al afacerilor. Pentru acest motiv, Andorra este preferată pentru înfiinţarea, de către persoane fizice bogate, de trusturi ce beneficiază de impozitare zero.

Poziţia sa între două mari puteri ale Europei şi infrastructura bine pusă la punct sunt aspecte ce ar putea atrage mulţi investitori dornici să-şi stabilească afacerile aici. Tocmai de aceea, guvernul din Andorra studiază posibilitatea de a deveni paradis fiscal al companiilor offshore, prin impozitarea cu cote minime a profiturilor acestora. De asemenea, se are în vedere încheierea de tratate de evitare a dublei impuneri cu anumite state.

3. BELGIA

Belgia este un tărâm al contrastelor. Aparent divizată – datorită disputei dintre flamanzi şi valoni, ea totuşi unită, stabilă şi prosperă. Belgia şi-a dezvoltat un sistem fiscal diferenţiat, care este atractiv (în sensul că prezintă numeroase caracteristici „offshore") pentru nerezidenţi. Astfel, în Belgia se practică pe scară largă sistemul conturilor anonime, mai cu seamă pentru societăţile multinaţionale, de asemenea, este stimulată dezvoltarea industriei bazată pe înalta tehnologie,

---

[73] C.,Bişa . I., Costea. M., Capotă. A., Dăncău. *op.cit.* p. .370.

societățile „inovatoare" beneficiind de scutire de la plata impozitului pe profit pe o perioadă de 10 ani[74].

4. CIPRU

Cipru, cu capitala la Nicosia, este o tânără neutră a Uniunii Europene, foarte cunoscută pentru turismul mediteranean (situată în largul coastelor libaneze și turcești,la răscruce între Europa, Africa și Orient).

Cipru este perfect situată pentru a oferi perspective largi inițierii și dezvoltării operațiunilor de comerț internațional, mai cu seamă a activităților offsore, Sub aspectul fiscalității, se înfățișează ca un adevărat „paradis" mai ales pentru nerezidenți: salariații străini sunt impuși numai pentru jumătate din veniturile obținute.

Cipru este țara cu cea mai extinsă rețea a tratatelor privind eliminarea dublei impuneri.

5. ELVEȚIA

Elveția este statul european – relativ redus, ca întindere geografică – cunoscut prin neutralitatea politică, frumusețea peisajelor montane, industria ceasornicelor de mare precizie și serviciile bancare „impecabile".

În ceea ce privește fiscalitatea, este de reținut faptul că impozitarea veniturilor se face în conformitate cu reglementările locale și cu prevederile numeroaselor tratate pentru evitarea dublei impuneri.

Factori precum reglementările stricte asupra secretului bancar, aprecierea continuă a francului elvețian, tradiția acestei țări în ceea ce privește neutralitatea, stabilitatea economică, au contribuit la creșterea atractivității Elveției pentru investitorii străini. Elveția nu este o jurisdicție, offshore propriu-zisă, este totuși o jurisdicție cu un nivel redus al fiscalității, oferind

[74] *Ibidem.*, p.283.

investitorilor internaționali și societăților multinaționale posibilitatea obținerii unor reduceri semnificative ale cheltuielilor fiscale.

Este de notorietate că Elveția reprezintă un paradis fiscal prin prisma secretului bancar, coroborat cu reglementarea evaziunii fiscale drept contravenție, iar nu infracțiune. Menționăm că această diferențiere operează pentru persoanele fizive; în cazul persoanelor juridice, Elveția a avut dintotdeauna reglementări clare privind obligația legală a acestora de a depune la termen balanțele de plăți și de a-și declara veniturile, așadar în cazul acestora distincția anterior menționată nu operează.

La întâlnirea G20 din aprilie 2009 s-a statuat, la nivel declarativ, că „epoca secretului bancar a apus"[75], fiind dată publicității „lista gri" a statelor care nu s-au aliniat în adoptarea standardelor de comunicare a informațiilor bancare.

Elveția, al șaptelea centru financiar di lume, a fost o pradă greu de prins, în special pentru S.U.A., în condițiile în care 25% din averea ținută în conturi de cele mai bogate persoane ale lumii[76] este depozitată aici.

Prin asumarea prevederilor Directivei privind impozitarea economiilor (2003), Elveția își diminuează parțial avantajul conferit de celebru secret bancar elvețian cu privire la statele membre U.E.. Cooperarea dintre acestea se concretizează ori de câte ori există indicii că banii protejați de conturile bancare elvețiene ar proveni din infracțiuni de evaziune fiscală. Mai mult, în anul 2004 europenii și elvețienii sporesc nivelul de integrare prin semnarea Acordului Bilateral, care acoperă domenii extinse politice, economice și sociale.

---

[75] Fiechter J.R.W., Exchange of tax information: the end of banking secrecy in Switzerland and Singapore? în "International Tax Journal", p. 55.
[76] Boston Consulting Group, Global wealth 2011: Shaping a new tomorrow 13 (June 2011), disponibil la www.bcg.com.pl/documents/file77766.pdf (accesat la 25.01.2013).

Un moment important pentru secretul bancar elvețian în relațiile dintre Elveția și S.U.A. îl repreziintă reglementarea FATCA, descrisă mai sus. Criticile aduse de către rezidenții americani reglementării FATCA sunt legate de o potențială majorare a costurilor implicate de deschiderea unui cont într-o bancă elvețiană, aceasta din urmă acoperindu-și riscul indus prin această reglementare.

Elvețienii rămân în continuare un exemplu de bună practică în domeniul bancar, prin existența unui cadru legal clar, dar și prin discreția și competența funcționarilor bancari, motive suficiente pentru a prezerva, într-o formă inovativă, secretul bancar, și de a prospera chiar și în plină criză economică. Având o reglementare clară și o practică constantă în păstrarea secretului bancar, încă din perioada celui de-al doilea război mondial, în strictă legătură cu protecția conturilor persoanelor de etnie evreiască, Elveția se dovedește a fi conservatoare. Tradiționalismul acestui stat în prezervarea secretului bancar, în implementarea acestuia în conștiința elvețienilor, merge până într-acolo încât orice critică adusă secretului bancar elvețian este interpretată ca o critică adusă întregii națiuni elvețiene[77].

6. GIBRALTAR

Gibraltar, aflat sub dominația britanică încă de la începutul secolului XVIII-lea, a constituit multă vreme un obiect de dispute între națiunile europene (mai cu seamă între Marea Britanie și Spania). În ultimii cincizeci de ani, însă, locul și-a pierdut din importanța strategică pe care o avea în trecut, dar cu toate acestea, Gibraltar rămâne o zonă de interes, datorită poziției sale geografice, mai cu seamă pentru Marea Britanie care urma să-și păstreze influența asupra unui teritoriu care continuă să reprezinte o bază importantă pentru marina sa.

---

[77] Fiechter J.R.W., *op.cit.*, p. 56.

Întrând în rândul „paradisurilor fiscale", Gibraltar manifestă un interes deosebit din partea investitorilor. Pentru a depăşi handicapul economic dobândit în cei 16 ani de izolare de Spania, Gibraltar a fost nevoită să introducă măsuri revoluţionare în legislaţia sa; cea mai importantă dintre aceste măsuri este acordarea perioadei de 25 ani de scutire de la plata impozitelor pentru companiile offshore[78].

Confidenţialitatea afacerilor şi secretul bancar sunt garantate prin lege, ceea ce explică faptul că pe o suprafaţă de numai 6,5 km.^{2} a Gibraltarului îşi desfăşoară activitatea aproape toate marile bănci din Europa şi America, depozitele adăpostite în conturile acestora depăşind cu mult 6 miliarde de dolari.

În acest moment, această ţară este una din destinaţiile preferate de investitori pentru a-şi domicilia afacerile şi, totodată, pentru întâlniri şi conferinţe.

7. GUERNSEY

Guernsey, insulă în Marea Mânecii[79], mai mică şi cu o cale de acces mai dificilă, este mai puţin „favorizată de soartă", pentru că – fiind cea mai îndepărtată de ţărmul mării – nu a fost destul de intens vizitată de turişti şi, din acest motiv (lipsa de bani) nu s-a putut dezvolta rapid din punct de vedere economic. Guernsey s-a replicat şi a început să ofere din ce în ce mai multe servicii financiare permanente şi atractive. Persoanele fizice şi întreprinderile rezidente în Guernsey plătesc un impozit pe venit, respectiv pe beneficii de numai 20% în condiţiile în care nu există alte forme de impunere. Sistemul financiar- bancar funcţionează la cote înalte în Guernsey,desfăşoară activitatea, profitabil, peste 60 de bănci.

---

[78] Numărul de societăţi înregistrate în Gibraltar depăşeşte pe cel al locuitorilor

[79] Este a doua ca mărime dintre insulele Canalului Mânecii şi are formă triunghiulară. Situată la 130 km de Marea Britanie şi 48 km de Norvegia, insula se întinde pe 65 km^2.

Facilitățile fiscale nu sunt printre cele mai atractive, însă mediul afacerilor stabil și existența serviciilor financiare dintre cele mai complexe fac din Guernsey o destinație dorită de mulți investitori.

8. JERSEY

Jersey, este tot o insulă situată în Marea Mânecii[80], aproape de partea normandă a Rivierei Franceze, dar care se află sub autoritatea Coroanei britanice. Ea are statutul de membru asociat al Uniunii Europene. Majoritatea băncilor europene importante își au câte un stabiliment pe insulă.

Accesul și instalarea pe insula Jersey sunt permise oricărui posesor al unui pașaport eliberat de un stat membru al Comunității Europene. Pentru a deveni rezident, însă, este necesară dobândirea unei proprietăți sau închirierea unei locuințe. În ultimii 50 de ani, pe insulă Jersey veniturile persoanelor fizice și beneficiile societăților s-au impus (și se impun în continuare) cu 20%. Acolo nu se impozitează câștigurile din capital, nu este cunoscută taxa pe valoare adăugată (sunt instituite numai câteva impozite – absolut rezonabile, ca și cuantum – care vizează unele produse, precum: carburanții, alcoolul, tutunul etc.).

Stabilitatea politică, alături de sistemul redus de taxe și reputația sa internațională de important centru financiar fac din statul Jersey o destinație atractivă pentru investițiile străine.

Sectorul bancar, cel al fondurilor de investiții, precum și trusturile sunt, în mod particular, mai dezvoltate și beneficiază de o infrastructură financiară și de o consultanță puternică.

Insula rămâne în continuare destinația favorită a societăților comerciale și holding care activează în UE, însă aceasta trebuie să se conformeze cerințelor UE șu OECD.

---

[80] Jersey este cea mai mare și mai sudică dintre insulele Canalului, având o suprafață totală de 116 km²

9. INSULA MAN

Insula Man este situată în centrul Mării Irlandeze, între Marea Britanie și Irlanda. Națiunea cu cea mai veche structură parlamentară, datând de acum 1000 ani, se bucură de o economie națională de succes, cu sectoare financiare, bancare și de asigurări bine reglementate[81]. În insulă sunt înregistrate aproximativ 33.000 de societăți offshore, iar pe lângă acestea, încă 21.500 de alte firme. În ianuarie 2002, Insula Man a devenit unul din primele centre financiare din lume care a reglementat agențiile responsabile cu înregistrarea și administrarea companiilor offshore.

De sistemul financiar-bancar de pe insulă beneficiază, mai cu seamă, cetățenii britanici și, în general, rezidenții statelor din Commonwealth.

În privința nivelului taxelor, Insula Man este o zonă cu taxe foarte mici pentru sectorul privat, de fapt, majoritatea egale cu zero. În domeniile bancar și asigurări se percepe un mic impozit, dar în alte domenii nu există deloc impozite pentru companii. Există doar impozite plătite de angajați.

În general, insula se impune ca fiind o jurisdicție bine reglementată, responsabilă și puternică din punct de vedere financiar. De asemenea, insula a fost calificată ca situându-se în fruntea jurisdicțiilor care fac eforturi pentru prevenirea spălării banilor[82].

10. LIECHTENSTEIN

Principatul Liechtenstein, cu capitala la Saduz, este situat în Europa centrală, la granița dintre Austria și Elveția. Din anul 1993 principatul a devenit membru asociat al Spațiului Economic European; împreună cu Elveția, Liechtenstein formează o unitate monetară și vamală, ceea ce permite

---

[81] R., Buziernescu . *op.cit.*, p.126-127
[82] C., Bișa . I., Costea. M., Capotă. A, Dăncău. *op.cit.*, p. 471

ambelor state să îşi regleze problemele bugetare şi fiscale prin acordul direct al celor două guverne.

Sistemul bancar este foarte bine dezvoltat, în special în ceea ce priveşte sectorul privat, principalele puncte forte fiind: sistemul relaxat, legislaţia foarte flexibilă şi reguli stricte în ceea ce priveşte secretul bancar.

De asemenea, regimul fiscal moderat, dar specializat, precum şi formele variate şi flexibile disponibile societăţilor scutite care desfăşoară activităţi pe teritoriul ţării sunt foarte favorabile dezvoltării societăţii offshore.

În iunie 2000, Liechtenstein-ul a fost calificat de FATF ca fiind un paradis fiscal non-cooperant şi inclus pe lista neagră a OECD alături de alte 18 jurisdicţii.

Ca urmare a eforturilor depuse pentru revizuirea legislaţiei şi respectarea celor 30 de recomandări formulate de FATF, în anul 2002, Liechtenstein-ul a fost scos de pe lista neagră alături de alte 3 jurisdicţii; Insula Cayman, Bahamas, Panama[83].

11.LUXEMBOURG

Luxembourg, situat între hotarele Franţei, Belgiei, Germaniei este considerat „paradis al paradisurilor"[84]. Sintagma i se potriveşte Luxembourg-ului, întrucât ea are deplină acoperire: în primul rând, în Constituţia luxemburgheză este înscris principiul secretului bancar (locul 6 mondial în lumea finanţelor internaţionale), apoi pentru că în Luxembourg se înregistrează cea mai scăzută rată a şomajului din Europa continentală şi, în fine, nu este cunoscută aici inflaţia.

Regimul fiscal, calitatea de neutru a UE, infrastructura modernă şi reţeaua vastă de tratate încheiate pentru evitarea

---

[83] idem., p.516
[84] St., M., Minea. C., F., Costaş. *op.cit.* p. 289

dublei impuneri, fac din Luxembourg o ofertă de foarte atractivă pentru diferitele tipuri de societăţi de tip offshore.

În prezent, Luxembourg-ul se găseşte într-o situaţie foarte delicată, confruntându-se pe de o parte cu atacurile UE/OECD, şi de pe altă parte cu dependenţa sa faţă de sectorul offshore.

12. INSULELE MADEIRA

Madeira, un grup de insule situat în Oceanul Atlantic între Africa şi Insulele Azore sunt, de la 1976, insule care au dobândit o oarecare autonomie locală. Odată cu aderarea Portugaliei la UE şi Insulele Madeira au devenit teritoriu comunitar.

În ceea ce priveşte fiscalitatea, insulele oferă o serie de facilităţi: societăţi comerciale înfiinţate pe insule beneficiază de un privilegiu fiscal garantat până la finele anului 2011, în sensul că profitul realizat a fost scutit de impozit.

Madeira nu este un paradis fiscal cu legislaţie şi proceduri create să protejeze secretul afacerii. Centrul financiar a fost construit beneciind de aprobarea Comunităţii Europene, iar stimulentele fiscale au fost structurate în aşa fel încât Madeira să nu fie percepută ca un paradis fiscal negativ.

În general, Madeira atrage companii care doresc să aibă acces pe piaţa unică a UE şi care sunt pregătite să facă faţă prevederilor emise la Bruxelles şi Lisabona. Gradul de supraveghere este foarte ridicat, fiind de fapt acelaşi care se aplică şi societăţilor rezidente în Portugalia.

Madeira este un centru financiar offshore scump, acesta este utilizat de grupuri internaţionale mari care urmăresc să consulte avocaţi şi consultanţi specializaţi foarte competenţi înaintea implementării structurilor.

De asemenea, investiţiile masive în telecomunicaţii fac din acestea un sector foarte bine dezvoltat, iar alături de pregătirea profesională ridicată a forţei de muncă şi de beneficiile care rezultă din vasta rețea de tratate încheiate pentru evitarea dublei impuneri, Madeira constituie un membru financiar offshore foarte atractiv[85].

13. MALTA

Malta, stat mic situat în Marea Mediterană, la sud de Sicilia, în largul coastelor Libiei, este membru al UE din 2004.

Este o țară cu un sistem fiscal destul de împovărător, însă există și regiuni unde cotele impozitelor sunt reduse, acestea adresându-se atât persoanelor fizice cât și celor juridice.

Malta dispune de o infrastructură și servicii profesionale pentru afaceri cu un grad rezonabil de sofisticare.

Sectoarele în care își desfășoară activitatea offshore sunt sectorul bancar, managementul fondurilor mutuale, trusturi, transporturi și holdinguri.

Regimul fiscal nu este unul relaxat, însă Malta deține câteva avantaje competiționale: poziția sa geografică, porturile foarte bine dotate, infrastructura foarte bine dezvoltată, număr mare de tratate pentru evitarea dublei impuneri și mediul de afaceri la nivel european.

14. MONACO

Principatul Monaco, stat național independent, este situat pe riviera franceză, lângă Italia. Este considerat cu adevărat „paradisul paradisurilor fiscale", fiind mai mult decât atrăgător, întrucât acolo nu există practic impozite directe. Se percepe în schimb o taxă (TVA) care este armonizată cu Franța.

Jumătate din activitățile desfășurate în principat au ca obiect: bănci, asigurări și alte prestări de servicii[86]. Băncile

---

[85] Idem, p. 531
[86] Idem, p.291

private se dezvoltă continuu, datorită numărului ridicat de persoane bogate care se stabilesc aici.

În Monaco nu există activitate offshore în sensul propriu-zis. Spre deosebire de celelalte jurisdicţii offshore, activităţile care beneficiază de un regim fiscal favorabil sunt acelea a căror cifră de afaceri provine în proporţie de peste 75% de pe piaţa internă. În general, regimul fiscal este determinat de domeniul de activitate şi nu de tipul de societate folosit.

15. SAN MARINO

San Marino, stat minuscul, situat în nord-estul Peninsulei Italice, unde formează o enclavă. Entitatea statală a fost atestată încă din anul 301, dar a început să se dezvolte din sec.IX, în jurul mănăstirii cu acelaşi nume.

Economia Republicii San Marino este dominată de servicii (în cadrul cărora pe primul loc se situează serviciile turistice). Un loc important îl deţine şi sectorul financiar-bancar aflat într-o continuă creştere, graţie unei legislaţii fiscale favorizatoare.

În materia legislaţiei fiscale reţine atenţia faptul că San Marino a semnat acordul privind schimbul de informaţii între autorităţile naţionale şi se supune regulilor comunitare relative la armonizarea impozitelor indirecte[87].

3.4. Paradisurile fiscale din afara Europei

3.4.1. Precizări prealabile

Europa, este serios concurată – în materie de „paradisuri fiscale" – de Arhipeleagul Caraibelor care se întinde aproximativ din sudul Floridei până în nord-vestul Americii Latine şi este alcătuit din câteva sute de insule (mari, mici,

---

[87] Ibidem, p.235

locuite, deșertice etc) dintre care cele mai importante sunt: Anquilla, Antigua-Barbuda, Aruba, Bahamas, Barbados, Belize, Bermude, Insulele Virgine Britanice, Insulele Cayman, Antilele Olandeze, Panama.

Alături de acestea, sunt de reținut și câteva „locuri mirifice" de mare interes din punct de vedere a facilităților fiscale – din zona Asia –Pacific, Insula Mauritius, Malaysia, Singapore.

Toate aceste teritorii – de o frumusețe extraordinară și beneficiind de o climă dulce (foarte potrivită pentru petrecerea vacanțelor) – se constituie și în adevărate paradisuri fiscale datorită împrejurării că acolo se află, în diverse forme, nenumărate facilități fiscale (de la absența totală a impozitului pe venit și profit și până la posibilitatea de a crea, cu ușurință – dar în condiții de siguranță, stabilimente bancare și alte instituții financiare). Reprezintă, totodată, locuri sau zone de mare interes și pentru deținătorii de fonduri sau investitorii europeni care caută spații de manevră mai departe și mai discrete.

3.4.2. Modele de paradisuri fiscale în afara Europei

1. ANQUILLA

Anquilla, insulă situata la cca.250 km.^{2} de Porto Rico, aflată sub dominația Coroanei britanice, se caracterizează printr-o legislație care favorizează inițierea și dezvoltarea afacerilor atât prin permisivitatea reglementărilor privind constituirea de societăți comerciale, cât și existența unui regim fiscal foarte blând.

În ceea ce privește regimul fiscal, nu se percep impozite directe, ci numai taxe indirecte (care au niveluri simbolice). În Anquilla este garantată timp de 50 de ani scutirea de la plata oricărei taxe în cazul companiilor de asigurări perioada este de 25 ani. În prezent, politica fiscală nu prevede nici un fel de taxă asupra veniturilor sau profiturilor, iar acest aspect, împreună cu cele anterior menţionate, fac din Anquilla locul aproape ideal pentru investitorii offshore.

2. ANTIGUA ŞI BARBUDA

Antigua şi Barbuda sunt două insule situate la cca.420 km.S-E de Puerto Rico.

Contra unor taxe modice, companiile internaţionale îşi pot instala şi dezvolta activităţi profitabile întrucât legislaţia este foarte permisivă; nu se percep taxe locale şi nici TVA, dar impozitul pe profit este de 40% (în condiţiile în care pot fi obţinute o serie de facilităţi fiscale pe perioade de timp determinate)[88].

Sistemul financiar-bancar se află în plină dezvoltare. Prezentând un grad sporit de confidenţialitate, practicând tarife reduse şi dovedindu-şi o destul de mare flexibilitate (în materie legislativă) şi înţelegere faţă de „exilaţii fiscali", Antigua şi Barbuda repezintă unul din cele mai atractive paradisuri fiscale (mai cu seamă pentru vecinii americani).

3. ANTILELE OLANDEZE

Antilele Olandeze, alcătuite din cinci insule (Curacao, Bonaire, Saint Martin, Saint Eustache şi Saba) sunt supuse Coroanei olandeze şi beneficiază de o anumită autonomie.

Companiile offshore sunt taxate în funcţie de activitatea desfăşurată cu un impozit anual cuprins între 2-6% din profitul brut.

Antilele Olandeze au reputaţie de centru financiar offshore specializat prezentând interes mai cu seamă pentru afacerile din domeniul finanţelor, altor servicii bancare, asigurări etc. Administrarea fondurilor de investiţii reprezintă genul de activitate cel mai profitabil în acest paradis fiscal[89].

---

[88] Ibidem, p.485
[89] Idem, p.485

4. ARUBA

Aruba este situată la N de Venezuela. Aici se percep impozite ale căror cuantumi pot ajunge la sume impresionante.

În baza unei reglementări din 1956, Aruba beneficiază de posibilitatea creării unei zone libere în care nu există nici un fel de constrângeri. Ca și celelalte insule olandeze, Aruba are în temeiul unei convenții fiscale, anumite relații privilegiate cu Olanda, ai cărui rezidenți pot beneficia de o serie de facilități fiscale.

5. BAHAMAS

Bahamas, arhipeleag cuprinzând peste 700 de insule și cca. 2000 insulițe ocupă SE coastelor Floride.

Companiile care activează în Bahamas sunt exonerate de la orice impozit pe venit sau profit pe o durată de 20 de ani. Societățile captive de asigurări și reasigurări (care sunt autorizate să funcționeze în Bahamas, având un regim privilegiat constând într-o exonerare de la plata oricărui impozit pe o perioadă de 15 ani de la data înmatriculării) datorează o taxă anuală de 2500 dolari.

Bahamas, considerată un paradis fiscal pur, se află în topul jurisdicțiilor offshore, cu servicii financiare de calitate și cu legislație ce permite o mare libertate de mișcare a investitorior. Presiunile făcute în ulitmii ani de organizațiile internaționale de monitarizare a activității paradisurilor fiscale și de luptă împotriva spălării banilor murdari și a criminalității financiare au dus la modificări ale legislației Bahamas-ului și la armonizarea acesteia cu noile cerințe. Secretul bancar și cel al identității proprietarilor de firme offshore nu mai sunt atât de stricte.

Aceste măsuri au făcut ca FATF să considere Bahamas o jurisdicție sigură pentru investitori și să o retragă din lista neagră a paradisurilor fiscale.

Ca o concluzie, Bahamas este o locaţie destinată tuturor genurilor de investitori cu infrastructura bine pusă la punct, cu servicii financiar bancare foarte dezvoltate şi, nu în ultimul rând, o destinaţie turistică foarte căutată.

6. BARBADOS

Barbados, insula cea mai estică din zona Caraibelor, situată la NE de Venezuela, este o veche colonie britanică.

Mediul afacerilor în Barbados este stabil şi bine organizat, oferind o gamă largă de servicii profesionale şi un sector financiar în creştere în ultimii ani.

Telecomunicaţiile sunt, de asemenea, dezvoltate şi moderne. Sistemul legislativ este flexibil şi liberal şi reglementează o gamă largă de tipuri de companii ce pot fi înfiinţate.

Fiscalitatea sectorului offshore este foate relaxată, însă destul de ridicată pentru companiile ce activează local.

Sistemul informatic beneficiază în ultima perioadă de o mare susţinere din partea guvernului Barbados, fiind o jurisdicţie atrăgătoare pentru comerţul electronic.

Barbados, deşi este o jurisdicţie offshore, cu serivicii financiare de calitate şi cu legislaţie stabilă nu se poate considera un centru financiar important pe plan mondial. Cu toate acestea, ultimii ani au marcat o creştere considerabilă a sectorului bancar al asigurărilor, companiilor străine de vânzări şi armatorilor.

7. BELIZE

Belize, stat situat pe coasta caraibiană a Americii Centrale, face parte din Commonwealth.

Cu o legislaţie de o pronunţată inspiraţie britanică, noul stat independent (din 1981) şi-a deschis porţile pentru companiile offshore din necesitatea de a-şi redresa economia (prăbuşită după plecarea garnizoanei britanice din teritoriu). În anul 1990 a fost adoptat în Belize o reglementare specială privind dreptul de acces și limitele derulării activităților companiilor internaționale, împrejurare care a determinat creșterea – în perioada imediat următoare- a numărului de investitori cu aproape 100 pe lună[90].

Urmare reformei fiscale din 1998, în Belize salariile care depășesc valoarea anuală de 10.000 dolari sunt impozitate progresiv prin aplicarea unor cote procentuale cuprinse între 25-45%. În locul taxei pe valoare adăugată, a fost introdus un impozit pe vânzări de 8% care, însă, nu se aplică produselor alimentare de bază, anumitor produse farmaceutice, furnizării de energie etc.

Impozitul pe profit este de 25%, alături de care se percepe o taxă comercială al cărei nivel diferă în funcție de valoarea anuală a cifrei de afaceri.

Belize este un centru offshore ce dispune de legislație permisivă, infrastructură bine pusă la punct și fiscalitate redusă. Pentru investitorii străni există un program de acordare de facilități pe termen lung, între 5-25 și 25 ani. Zonele libere asigură o mare libertate de mișcare companiilor de comerț sau producție însoțite de fiscalitate minimă[91].

8. DELAWARE

Delaware, stat micuț situat pe coasta de est a Statelor Unite ale Americii, la jumătatea distanței dintre Washington și New York, este recunoscut ca și capitală mondială a corporațiilor.

Legislația privind constituirea și funcționarea societăților comerciale este extrem de permisivă: este asigurată libertatea deplină a organizării și conducerii companiilor, nu există limitări cu privire la mărimea capitalului sau la felul și

---

[90] C., Bișa . I., Costea. M., Capotă. A, Dăncău. *op.cit.*, p. 402.
[91] M., St., Minea. C., F., Costaș.*op.cit.*, p.488

numărul acţiunilor emise, nu există restricţii cu privire la cetăţenia proprietarilor sau acţionarilor companiilor etc.

Potrivit Constituţiei statului Delaware, sunt exceptate de la impozitare companiile offshore (care desfăşoară activităţi în afara statului şi nu sunt proprietatea cetăţenilor săi). Condiţiile- uşor de îndeplinit- pentru ca o companie încorporată în Delaware să nu plătească impozite sunt următoarele: să fie înregistrată legal, să achite o taxă anuală de 50 dolari; acţionarii şi adminstratorii să nu fie rezidenţi ai Statelor Unite ale Americii; compania să nu facă afaceri pe teritoriul statului American[92].

9. INSULELE BERMUDE

Insulele Bermude, arhipeleag formând o colonie britanică (cu un anumit grad de autonomie), este situat în Oceanul Atlantic, la 1000 km.de coastele statului Carolina de Nord.

Datorită apropierii sale de Statele Unite ale Americii, relaţiile economice s-au dezvoltat, mai degrabă, cu statul federal american de cât cu Regatul Unit al Marii Britanii.

Persoanele fizice şi societăţile comerciale în Insulele Bermude nu datorează impozite pe venit şi, respectiv, pe profit până în anul 2016. Proprietăţile imobiliare sunt impozitate gradual de la 0-15%, dar nu există impozite pe venit şi pe profit.

Sistemul financiar bancar este solid; deşi, numărul băncilor care acţionează în teritorii nu este impresionant, Bursa de Acţiuni din Insulele Bermude este foarte cunoscută, acolo fiind cotate peste 35 de fonduri mutuale importante şi câteva firme foarte cunoscute.

Insulele Bermude se constituie într-o jurisdicţie offshore adresată investitorilor mari cu afaceri curate cărora le

[92] Ibidem, p.327

poate oferi toată gama de servicii financiar-bancare de care au nevoie, precum și siguranță și încredere. Politica guvernamentală a fost de natură să descurajeze activitățile de spălare a banilor sau alte ilegalități, aducând Bermudei o poziție de top în rândul centrelor financiare ale lumii cu legislație clară și bine pusă la punct. Îmbinând această poziție cu cea de destinație turistică de excepție, concluzionăm că Insulele Bermude sunt o locație offshore de inegalat.

10. INSULELE CAYMAN

Insulele Cayman, situate în vestul Arhipeleagului Caraibe, la mai puțin de 1000 km.distanță de Florida, au statutul de colonie britanică.

Paradoxal sau nu, deși sunt supuse legislației britanice, Insulele Cayman cunosc o viață înfloritoare și oferă nivelul cel mai ridicat din zonă, în condițiile în care – pe acele meleaguri – nu sunt cunoscute impozitele directe și nici controlul schimburilor valutare. Singurele forme de impozitare în vigoare vizează transferul proprietăților bunurilor (7,5%) și ipotecă (1%).

Fiind unul din cele mai importante centre financiare offshore, Insulele Cayman reprezintă locul unde sunt înregistrate mai mult de 400 societăți captive de asigurări și peste 600 de bănci offshore a căror activitate este intensă.

11. INSULELE VIRGINE BRITANICE

Insulele Virgine Britanice constituie o colonie britanică (alcătuită din aproape 60 de insule grupate în jurul celei mai mari dintre ele – Tortola) și fac parte din arhipeleagul Antilele Mici alături de alte insule aparținând SUA.

Industria serviciilor financiare a cunoscut în ultimii ani un real succes în Insulele Virgine Britanice fiind înregistrate peste 400.000 de firme cu o medie pe an de 50.000 de noi companii. Investitorii sunt atrași aici de stabilitatea economicopolitică, legislaţia flexibilă, gradul înalt de confidenţialitate, buna reputaţie etc. Cele mai căutate activităţi offshore sunt cele de trust, management, fonduri mutuale şi asigurări captive.

Sectorul bancar nu se bucură de încurajare, fiind slab reprezentat, în fapt, acest lucru reprezintă o formă de luptă împotriva spălării banilor.

12. INSULELE COOK

Insulele Cook reprezintă un grup răspândit de insule în sudul Pacificului, undeva la jumătatea distanţei între Nawai şi Noua Zeelandă.

Apariţia sectorului offshore a fost târzie, primele reglementări fiind remarcate în anii 1981- 1982 şi, în ciuda micilor sale dimensiuni, constituie al doilea contribuabil după turism pentru guvernul din Insulele Cook.

Comunitatea de afaceri din Noua Zeelandă s-a bucurat în mod deosebit de apariţia acestui paradis fiscal, deopotrivă cu cea din Australia, mai ales datorită relaţiilor strânse dintre aceste comunităţi. Insulele Cook au reuşit să se facă remarcate pe plan mondial în special pentru politica de trust care protejează proprietarii în faţa creditorilor.

13. MAURITIUS

Mauritius, stat insular, situat în Oceanul Indian, la cca.900 km.de Madagascar, şi-a dobândit independenţa în 1968, dar a rămas în Commonwealth.

Legislaţia hibridă – rezultat al unui amestec de norme juridice anglo-saxone şi napoleoniene – oferă, în materie de fiscalitate, o atracţie deosebită: nu există impozite pe profit, dividende, dobânzi, creşteri de capital, succesiuni etc. Persoanele fizice rezidente însă sunt supuse plăţii unor impozite normale, rezonabile (de până la 30%). În Mauritius nu există TVA, dar se practică un impozit pe vânzări de 8%.

Insula se bucură de o poziţie geografică foarte bună (situată între Asia, Africa şi India), precum şi alte avantaje competiţionale precum: infrastructură modernă de afaceri şi comunicaţii, economie dinamică, stimulente acordate de guvern şi reţea vastă de tratate pentru evitarea dublei impuneri. Datorită acestei reţele de tratate încheiate cu multe dintre statele din regiune, Mauritius este frecvent folosit ca bază pentru firme care doresc să înfiinţeze un holding, o societate de investiţii sau o subsidiară comercială.

Investiţii majore au fost făcute în dezvoltarea reţelei de telecomunicaţii, existând un interes major pentru dezvoltarea comerţului electronic.

Mauritius se înscrie între cele mai mari centre financiare, oferind loc de desfăşurare mai multor servicii bancare ale unor renumite instituţii de profil, arhicunoscute pe plan mondial, precum şi numeroaselor fonduri de investiţii ori companii de asigurări.

14. PANAMA

Republica Panama este situată în America Centrală între Marea Caraibe şi Oceanul Pacific.

Pentru multă lume, Panama înseamnă doar comerţ maritim şi Canalul Panama. Într-adevăr, în Panama comerţul maritim este o industrie înfloritoare de proporţii, însă există şi un număr mare de bănci, Panama acţionând ca un centru regional bancar pentru sudul Americii.

De asemenea, sectorul asigurărilor captive a cunoscut şi el o continuă dezvoltare, iar bursa depune eforturi pentru încurajarea fondurilor mutuale.

Poziţia sa strategică, existenţa Canalului Panama, a Zonei Comerciale Libere şi atitudinea fiscală prietenoasă faţă de activităţile offshore au favorizat atragerea societăţilor care desfăşoară activităţi de comerţ, marketing şi distribuţie. De asemenea, există premisele și implicarea autorităților pentru dezvoltarea comerțului electronic.

15. SINGAPORE

Singapore, stat insular constituit în jurul insulei omonime, despărțit de Peninsula Malaca prin strâmtoarea Johore și înconjurat de alte 54 de insule mici, fostă colonie britanică, a devenit republică parlamentară în anul 1959.

Având un sistem juridic de inspirație britanică, Singapore a acordat treptat avantaje fiscale tot mai mari oricăror investitori până când și-a asigurat un nivel economic satisfăcător, după care – în ulitmii ani- și-a rafinat legislația oferind subsidii și facilități fiscale numai investitorilor serioși și puternici[93].

În present, în Singapore, fiscalitatea este complexă, ea apropiindu-se de cea din țările occidentale; persoanele fizice datorează un impozit pe venit diferit: rezindenții plătesc între 2 și 28%, iar nerezidenții între 15 și 27%. Impozitul pe profit este de 26%. Taxa pe valoare adăugată este un impozit aproape symbolic, ea se plătește conform unei cote unice de 3%.

Sistemul financiar bancar este foarte bine dezvoltat, ca – de altfel – și cel al afacerilor comerciale. Pentru viitor se preconizează adoptarea unor reglementări care să reformeze în domeniul financiar – bancar și care să asigure alte facilități fiscale investiților care se vor realiza în domeniile: bancar, al asigurărilor și al fondurilor de investiții.

În fine, în Singapore funcționează o puternică bursă de acțiuni și instrumente derivate, care ocupă unul dintre primele locuri în lume în ceea ce privește tranzacțiile și capitalizarea bursieră[94].

---

[93] În present, se acordă facilități fiscale notabile (precum scutirea de la plata impozitelor) numai investitorilor care aduc fonduri ce depășesc valoarea de 5 miliarde dolari.

[94] Minea Ștefan Mircea, Costaș Flavius Cosmin, *op.cit.*, p.491-492

4. EVAZIUNEA FISCALĂ ÎN ROMÂNIA

4.1. Cronologia reglementărilor privind evaziunea fiscală în România

Evaziunea fiscală este legată de reglementarea fiscalității. Amintim astfel la Regulamentele Organice, care, la nivelul anilor 1831 și 1832, unifică prevederile fiscale în Moldova și în Țara Românească.

Prima reglementare românească destinată evaziunii fiscale apare în 1929, fiind intitulată Legea pentru represiunea evaziunii fiscale la contribuțiile directe. Aceasta nu prevede în cuprinsul ei sintagma de „evaziune fiscală". Legiuitorul a plecat de la principiul că ideea responsabilității fiscale este de esența sistemului democrației, spre deosebire de celelalte sisteme în care contribuabilul, fiind sub un sistem de constrângere, este în afară de orice responsabilitate. Dintre dispozițiile legii, cele care au legătură cu formele contabile ale evaziunii fiscale au fost cuprinse în art. 8 care prevedea că „orice firmă care prezintă fiscului un bilanț menit să slujească drept element în calculul impozitului este răspunzător de exactitatea și sinceritatea datelor conținute în bilanț". Formula uzitată nu a fost însă suficientă. Faptul de a nu interzice expres anumite operații contabile care serveau la disimularea veniturilor crea un fel de legalitate a unor astfel de forme de evaziune.

Această reglementare a fost urmată în anul 1933 de Legea contribuțiilor directe, un veritabil cod al evaziunii fiscale.

A urmat o perioadă de relaxare a legislației îndreptate împotriva celor care se făceau vinovați de fapte de evaziune fiscală, asigurându-li-se posibilitatea de a intra în legalitate prin îndeplinirea obligațiilor fiscale restante, prin intrarea în vigoare a Legii nr. 344/1947.

Prin Decretul nr. 202/1953 privind modificarea Codului Penal al Republicii Populare Române este introdus titlul „Infracţiuni contra sistemului economic", abrogat însă prin intrarea în vigoare a Codului Penal din 1969.

În perioada postdecembristă au intrat în vigoare O.G. nr. 17/1993 privind stabilirea şi sancţionarea contravenţiilor la reglementările financiar-gestionare şi fiscale, dar şi Legea nr. 82/1991 a contabilităţii, evaziunea fiscală fiind reglementată ulterior prin Legea nr. 87/1994 privind combaterea evaziunii fiscale, aceasta din urmă fiind criticată în decursul timpului, datorită neclarităţilor în reglementare. Astfel, neexistând o disociere clară între infracţiuni şi contravenţii, o serie de fapte ilicite ale conribuabililor puteau fi plasate într-o categorie sau în alta, în funcţie de interes sau în raport de gradul de temeinicie al pregătirii persoanei care efectua controlul.

Actualmente este în vigoare Legea nr. 241/2005 pentru prevenirea şi combaterea evaziunii fiscale, aceasta din urmă fiind în vigoare şi în prezent, astfel cum a fost modificată prin O.U.G. nr. 54/2010 privind unele măsuri pentru combaterea evaziunii fiscale şi prin Legea nr. 50/2013 privind modificarea Legii nr. 241/2005 pentru prevenirea şi combaterea evaziunii fiscale.

Legea nr. 241/2005 aduce chiar din primul articol patru elemente noi, stabilind măsuri de prevenire a evaziunii fiscale, instituind noi infracţiuni denumite infracţiuni în legătură cu infracţiunea de evaziune fiscală, incriminînd mai multe fapte ca infracţiuni de pericol şi definind mai mulţi termeni folosiţi de lege pentru o mai mare precizie, spre deosebire de reglementarea anterioară.

4.2. Cauzele evaziunii fiscale în România

În ţara noastră schimbările intervenite după 1989 au provocat o evidentă stare de anomie care în opinia noastră explică creșterea infracționalității economice și financiare[95]. În zilele noastre, evaziunea fiscală este pretutindeni în România, fiind practicată în bloc de vânzătorul de la alimentarele de cartier care nu eliberează bonuri fiscale pentru marfa vândută, de marii retaileri, de comerciantul ambulant, de chelnerul care servește în restaurante sau în baruri și care este răsplătit cu bacșiș, de angajatorul care plătește angajatului său un salariu mai mare decât cel stipulat ca preț al contractului de muncă, de fermierul care vinde produsele agricole fără să declare sursa venitului, de proprietarii apartamentelor care au chiriași și încasează chirii fără să le declare la Agenția Națională de Administrare Fiscală, de comercianții care vând în piață ouă și produse lactate[96] și exemplele pot continua.

Economie emergentă, România datorează răspândirii largi a fenomenului de evaziune fiscală unor cauze specifice, similare pentru toate statele aflate în curs de dezvoltare[97]:
1. modificările geo-politice din sud-estul Europei care au determinat includerea României în filierele ce-și deplasează profitul dinspre Asia și Africa către vestul Europei;

[95] N., C., Dariescu. *Comparații între noua și vechea reglementare a evaziunii fiscale* volumul dedicat Simpozionului Național *Criminalitatea financiar-bancară* organizat de Univ. Craiova, Facultatea de Drept și Științe Administrative „Nicolae Titulescu" din 17-18 martie 2006, p. 50.
[96] S., A., Ciupitu. M., Niculae. *Tax evasion in Romania* în International Journal of Academic Research in Accounting, Finance and Management Science vol. 3, no. 1/2013, Editura Hrmars, p. 162.
[97] N., Hoanță.. op.cit, 1997, p.241; D., Drosu, Șaguna. *Tratat de drept financiar și fiscal,* Editura All Beck, București, 2006, p. 1053; D., Drosu, Șaguna. M., E., Tutungiu, *Evaziunea fiscală,* Editura Oscar Printr, București. 1995, p. 58; V., Codrescu. *Evaziunea fiscală în românia, Teză de doctorat.* 1936, Iași; N., C., Dariescu. *Drept financiar și fiscal,* Casa de Editură Venus, Iași, 2004, p. 203-217; N., C., Dariescu. Radu, Mogoș. *Evaziunea fiscală* în *Eseuri de hermeneutică juridică,* vol. I, Editura Polirom, Iași, 2002, p. 199; C., Balaban. *Evaziunea fiscală. Aspecte controversate de teorie și practică judiciară,* Editura Rosetti, București, 2003, p. 7-23.

2. stării şubrede a statului de drept în România, ca urmare a modificărilor repetate a normelor fiscale, având drept consecinţă crearea unei stări de confuzie pentru contribuabili. Decizia de a deschide/promova o afacere în România este în legătură cu sitemul existent de taxe şi impozite;

3. lipsei unei culturi fiscale a contribuabilului. Contribuabilul român trebuie să îşi creeeze un obicei în a-şi plăti taxele şi impozitele;

4. dirijarea unor mari sume de bani obţinuţi din activităţi desfăşurate în România către firme înregistrate în paradisuri fiscale sau finanţarea unor firme româneşti cu bani proveniţi din aceste zone, în toate aceste situaţii, posibilităţile de control şi investigare fiind extrem de limitate;

5. utilizarea excesivă a numerarului în plăţile între agenţii economici, precum şi tendinţa de obţinere cu orice preţ a unor sume în valută, în ambele cazuri cu ocolirea sistemelor bancare în scopul ştergerii urmelor operaţiunilor realizate;

6. ineficienţa administraţiei publice în colectarea impozitelor şi a taxelor;

7. nivelulul ridicat de corupţie, datorat nivelului scăzut de salarizare al funcţionarilor publici;

8. lipsei unei competiţii reale între companiile multinaţionale în România, de natură a descuraja controalele autorităţilor naţionale în cadrul acestora şi de a da naştere unor comportamente monopoliste[98];

9. permisivitatea sistemului legislativ în anumite sectoare, neincriminarea sau sancţionarea blândă a unor fapte precum fraudele şi înşelăciunea.

---

[98] Cazul ArcelorMittal care ameninţă închiderea fabricii din România pe fondul sprijinului acordat proiectelor care susţin producerea de energie regenerabilă.

Așadar politica fiscală greoaie, incoerentă în reglementarea și menținerea unor facilități fiscale, alăturată unui comportament al contribuabilului lipsit de o educație civică firească, suprapuse pe un nivel de trai mult sub media celorlate state ale Uniunii Europene este de natură a explica un potențial comportament înclinat spre evaziune al contribuabilului român.

4.3. Evaziunea fiscală – elemente definitorii, forme și sfera de reglementare

Legea nr. 241/2005 pentru prevenirea și combaterea evaziunii fiscale reglementează infracțiunile de evaziune fiscală (art. 9), respectiv infracțiunile conexe acestora (art. 3-8). Chiar dacă din perspectiva organizării legii remarcăm că sunt reglementate inițial infracțiunile conexe, pentru ca ulterior să fie reglementate infracțiunile propriu-zise de evaziune fiscală, aspect care nu este la adăpost de critici, considerăm că economia legii nu este întâmplătoare. Este mai facil de depistat una dintre infracțiunile conexe, motiv suficient pentru investigarea ulterioară a infracțiunii principale de evaziune fiscală.

4.3.1. Infracțiunile de evaziune fiscală propriu-zise

4.3.1.1. Elemente caracteristice generale infracțiunilor de evaziue fiscală propriu-zise

În România, art. 9 din Legea nr. 241/2005 reglementează șapte fapte penale de evaziune fiscală. O caracterizare generală a acestor fapte penale ne conduce la următoarele concluzii:

1. Generic vorbind, fapta penală de evaziune fiscală constă în sustragerea, prin orice mijloace, a contribuabilului de la plata impozitelor și/sau taxelor datorate bugetului de stat, bugetelor locale, bugetului asigurărilor sociale de stat, fondurilor speciale extrabugetare.

2. Obiectul juridic este reprezentat de relaţiile sociale privind constituirea bugetului de stat, bugetelor locale, bugetului asigurărilor sociale de stat, fondurilor speciale extrabugetare. Relaţiile de afaceri implică încrederea între parteneri. În cazul evaziunii fiscale, unul dintre parteneri este statul, a cărui încredere este înşelată prin neplata taxelor şi a impozitelor corespunzătoare.

3. Obiectul material îl constituie sumele băneşti datorate bugetului de stat, bugetelor locale, bugetului asigurărilor sociale de stat, fondurilor speciale extrabugetare.

4. Subiectul activ este contribuabilul, persoană fizică ori juridică, română ori străină, care obţine venituri ori alte asemenea sume generatoare de impozite şi/sau taxe. În diverse circumstanţe, subiect activ al faptei penale de evaziune fiscală este persoana care:

a. nu plăteşte deloc taxe şi impozite, deşi obţine venituri impozabile sau taxabile;

b. plăteşte impozite şi taxe mai mici decât cele care ar fi în mod real datorate;

c. plăteşte impozitele şi taxele la alte instituţii decât cele care au competenţa de a încasa impozite şi taxe;

d. plăteşte impozite şi taxe cu depăşirea termenelor legale.

Din punct de vedere psihologic, explicaţiile potenţiale ale persoanelor care săvârşesc astfel de fapte pot fi exemplificate astfel: „voi achita taxele şi impozitele mai târziu"; „nu fac decât ceea ce face şi restul lumii" etc[99].

În conformitate cu prevederile art. 12 din Legea nr. 241/2005, persoanele condamnate pentru infracţiuni de evaziune fiscală nu vor mai putea, în viitor, să aibă calitatea de fondatori, administratori, directori sau reprezentanţi legali ai societăţilor comerciale, fiind decăzute din astfel de drepturi

---

[99] S.,Picket . J., Picket. *Financial Crime Investigation and Control,* John Wiley & Sons Inc., 2002, p. 12.

persoanele care au deja astfel de calități. Odată cu rămânerea definitivă a hotărârii judecătoreşti de condamnare a unei persoane pentru una sau mai multe dintre infracţiunile prevăzute de Legea nr. 241/2005, această hotărâre va fi comunicată Oficiului Naţional al Registrului Comerţului pentru a se efectua menţiunile necesare.

Totodată, aceste infracţiuni sunt susceptibile a fi săvârşite în forme diferite de participaţie penală.

5. Subiectul pasiv este statul, ca titular al valorilor sociale privind constituirea bugetului de stat, bugetelor locale, bugetului asigurărilor sociale de stat, fondurilor speciale extrabugetare.

6. Elementul material se concretizează în acţiuni, în puţine cazuri infracţiunea de evaziune fiscală îmbrăcând o formă omisivă de săvârşire. Fapta de evaziune fiscala nu este niciodata statică, nu are un tipar bine definit, ci schimbarea legislaţiei fiscale şi a condiţiilor sociale atrag forme diferite de concretizare a acţiunilor care formeaza latura obiectivă a acestei fapte penale. Sub aspectul elementului material se particularizează formele diferite ale evaziunii fiscale, astfel cum le prezentăm mai jos.

7. Latura subiectivă constă în săvârşirea faptei penale cu forma de vinovăţie a intenţiei directe, deoarece există întotdeauna un scop – acela de a se sustrage de la plata obligaţiilor fiscale. Sustragerea de la plata obligaţiilor fiscale poate fi totală sau parţială, neavând importanţă forma acestei sustrageri pentru reţinerea infracţiunii. Legiuitorul nu sancţionează culpa în săvârşirea unor astfel de fapte. Autorul unor astfel de fapte premeditează, de cele mai multe ori, fapele sale.

Intenţia de fraudă vizează reaua-credinţă, dorinţa contribuabilului de a frauda fiscul în completă cunoştinţă de cauză. În alte situaţiii, o tranzacţie, care la prima vedere pare a fi o fraudă fiscală voluntară, dacă este examinată cu atenţie arată că încălcarea legii fiscale este făcută pe fondul unei atitudini oneste, printr-o îndrumare greşită a contribuabilului de către alte persoane incompetente sau de rea-credinţă precum anumiţi contabili, sau printr-o interpretare cinstită (făcută cu bună-credinţă) dar greşită a legilor fiscale în vigoare.

Neplata îşi poate avea originea şi în comportamentul intenţionat, voluntar al contribuabilului, dar absenţa conformării la lege poate rezulta şi din ignoranţa (necunoaşterea legii), eroare (calcul greşit) sau neglijenţă (de exemplu lipsa grijii pentru efectuarea şi păstrarea înregistrărilor contabile).

Tentativa, deşi posibilă, nu este sancţionată.

8. Fiind infracţiuni de pericol, urmarea imediată rezidă în starea de pericol pentru relaţiile sociale privind constituirea bugetului de stat, bugetelor locale, bugetului asigurărilor sociale de stat, fondurilor speciale extrabugetare. Starea de pericol creată este cu atât mai gravă cu cât acest tip de infracţiune economico-financiară se caracterizează prin posibilitatea de a rămâne ascunsă timp nedefinit.

9. Pedeapsa prevăzută de lege este închisoarea, de la 2 ani la 8 ani, alături de interzicerea unor drepturi.

4.3.1.2. Formele infracţiunilor de evaziune fiscală propriu-zise

Infracţiunile propriu-zise de evaziune fiscală constă în (art. 9 din Legea nr. 241/2005):

1. ascunderea bunului ori a sursei impozabile sau taxabile.

Caracteristice acestui tip de infracţiune, prevăzută şi sancţionată de art. 9 lit. a din Legea nr. 241/2005, sunt:

- obiectul material este reprezentat de declaraţiile de impunere false, completate;
- subiectul activ poate fi orice persoană;
- din perspectiva laturii obiective, există o acţiune de „ascundere", care poate fi atât fizică, cât şi juridică. Acţiunea

trebuie să se realizeze asupra bunului ori sursei impozibile sau taxabile. Prin bun sau sursă impozabilă ori taxabilă se înțelege orice venit sau orice bun supus impozitelor sau taxelor;

- latura subiectivă presupune intenție directă, dat fiind scopul urmărit – de a se sustrage de la plata obligațiilor fiscale;

- urmarea imediată este starea de pericol pentru relațiile sociale ocrotite prin textul de lege incriminator.

În practica judiciară, în legătură cu aplicabilitatea acestui text de lege s-a statuat că în cazul acelor venituri pentru care există o dublă obligație - atât de evidențiere, cât și de declarare, dacă veniturile au fost evidențiate în actele contabile sau în alte documente legale, dar nu au fost declarate la organul fiscal competent, pe cale de consecință, rezultă că nu sunt întrunite elementele constitutive ale infracțiunii prevăzute în art. 9 alin. 1 lit. a din Legea nr. 241/2005, deoarece nu s-a realizat o ascundere a veniturilor impozabile sau taxabile, în condițiile în care organele fiscale competente pot lua cunoștință de veniturile realizate prin simpla verificare a actelor contabile ale contribuabilului, și, totodată, nici elementele constitutive ale infracțiunii prevăzute în art. 9 alin. 1 lit. b din Legea nr. 241/2005, deoarece veniturile realizate au fost evidențiate.

În ceea ce privește veniturile pentru care există numai obligația declarării, dacă acestea nu au fost declarate la organul fiscal competent, atunci sunt întrunite elementele constitutive ale infracțiunii de evaziune fiscală prevăzută în art. 9 alin. 1 lit. a) din Legea nr. 241/2005[100].

2. omisiunea, în tot sau în parte, a evidențierii, în actele contabile ori în alte documente legale, a operațiunilor comerciale efectuate sau a veniturilor realizate.

Caracteristice acestui tip de infracțiune, conform art. 9 lit. b din Legea nr. 241/2005, sunt:

---

[100] I.C.C.J., Secția penală, decizia nr. 3907 din 28 noiembrie 2012, disponibil la http://www.scj.ro/SP%20rezumate%202012/SP%20dec%20r%203907 %2028%2011%202012.htm (accesat la 04.09.2013).

- obiectul material este reprezentat de actele contabile sau orice alte documente legale care constată operaţiunile comerciale derulate ori veniturile încasate;
- subiectul activ este special, calificat, dată fiind calitatea acestuia de administrator (în fapt) ori de persoană fizică ori juridică căreia îi revine obligaţia de a organiza şi conduce contabilitatea;
- latura obiectivă constă în inacţiune. Firesc, omisiunea de a înregistra tranzacţiile comerciale desfăşurate, atrage, de regulă, omisiunea înregistrării veniturilor. Inacţiunea trebuie dovedită în sensul de a nu exista deloc înregistrări ale operaţiunilor comerciale derulate. Dacă înregistrarea este făcută, dar cu întârziere, aceasta nu atrage răspunderea penală a persoanei în cauză;
- latura subiectivă presupune intenţie directă, dat fiind scopul urmărit – de a se sustrage de la plata obligaţiilor fiscale;
- urmarea imediată rezidă în neplata obligaţiilor fiscale către stat, în tot sau în parte.

3. evidenţierea, în actele contabile sau în alte documente legale, a cheltuielilor care nu au la bază operaţiuni reale ori evidenţierea altor operaţiuni fictive.

Această faptă penală - prevăzută şi sancţionată de art. 9 lit. c din Legea nr. 241/2005 - se caracterizează prin:
- obiectul material constă în actele contabile sau orice alte documente legale care sau nu au la bază operaţiuni reale, sau evidenţiază operaţiuni fictive;
- nu poate avea decât subiect activ calificat: persoana fizică ori juridică căreia îi revin atribuţii legate de evidenţierea în documentele legale a operaţiunilor comerciale ori a veniturilor realizate: contabilul, directorul economic, administratorul, contribuabilul. Un exemplu des întâlnit este reprezentat de încheierea de operţiuni comerciale fictive prin interpunerea unei societăţi fantomă, care eliberează documente fiscale ce nu corespund realităţii;

- urmarea imediată constă în diminuarea obligaţiilor fiscale către stat.

În legătură cu această infracţiune, amintim decizia nr. 2008 din 2004 a Secţiei Penale a Înaltei Curţi de Casaţie şi Justiţie[101] care a statuat că în situaţia în care cheltuielile înscrise în evidenţa contabilă a unei societăţi au fost ulterior corectate, ca urmare a anulării unui contract comercial, iar bilanţul anual a reflectat realitatea operaţiunilor comerciale, nu poate fi reţinută existenţa infracţiunii de evaziune fiscală.

4. alterarea, distrugerea sau ascunderea de acte contabile, memorii ale aparatelor de taxat ori de marcat electronice fiscale sau de alte mijloace de stocare a datelor.

Caracteristicile acestei forme a evaziunii fiscale – art. 9 lit.d din Legea nr. 241/2005, sunt:

- obiectul material special constă în actele contabile, memoriile aparatelor de taxat sau de marcat electronice fiscale, precum şi orice alte mijloace de stocare a datelor;

- latura obiectivă presupune o acţiune de alterare (o modificare), de distrugere (constând lezarea substanţei bunului astfel încât acesta încetează să existe în materialitatea sa) sau de ascundere (am putea adăuga, fizică) a actelor contabile, memoriilor aparatelor de taxat sau de marcat electronice fiscale, precum şi a oricăror alte mijloace de stocare a datelor. Acţiunea, indiferent de modalitatea în care se prezintă, poate fi totală sau parţială, iar mijloacele de alterare, distrugere, modificare pot fi oricare.

- urmarea imediată constă în alterarea, distrugerea sau ascunderea actelor contabile, memoriilor aparatelor de taxat sau de marcat electronice fiscale, precum şi a oricăror alte mijloace de stocare a datelor, prin aceste acţiuni ajungându-se la diminuarea sau chiar eludarea integrală a îndeplinirii obligaţiilor fiscale.

---

[101] M., St., Minea. C., F., Costas. D., M., Ionescu. *Legea evaziunii fiscale: Comentarii şi explicaţii*, Editura C.H. Beck, Bucureşti, 2006, p. 133

5. executarea de evidenţe contabile duble, folosindu-se înscrisuri sau alte mijloace de stocare a datelor.

Sunt definitorii pentru această formă a infracţiunii prevăzută şi sancţionată de art. 9 lit. e din Legea nr. 241/2005 următoarele trăsături:

- şi această formă a faptei penale analizate are un obiect material special constând în evidenţele contabile duble, respectiv înscrisurile sau alte mijloace de stocare a datelor. Noţiunea de „evidenţă contabilă dublă" nu se confundă cu cea de „contabilitate în partidă dublă"[102]. Evidenţa contabilă dublă presupune ţinerea de evidenţe contabile paralele;

- subiectul activ al infracţiunii nu poate fi decât calificat – persoana cu atribuţii în organizarea şi conducerea contabilităţii;

- latura subiectivă presupune executarea de evidenţe contabile duble, ca urmare a folosirii de înscrisuri sau de alte mijloace de stocare a datelor;

- urmarea imediată constă în conducerea unei evidenţe contabile paralele cu cea oficială.

6. sustragerea de la efectuarea verificărilor financiare, fiscale sau vamale, prin nedeclararea, declararea fictivă ori declararea inexactă cu privire la sediile principale sau secundare ale persoanelor verificate.

Particularităţile acestei forme de evaziune fiscală – art. 9 lit. f din Legea nr. 241/2005 - sunt următoarele:

- sub aspectul obiectului material, acesta constă în înscrisurile care fac dovada unor sedii principale ori secundare nereale, fictive.

- deoarece declaraţiile care fac obiectul material al infracţiunii de evaziune fiscală în această formă, sunt în competenţa administratorilor, aceştia sunt şi subiecţii activi ai

---

[102] Contabilitatea în partidă dublă reprezintă o metodă de evidenţă contabilă ce presupune înregistrarea operaţiilor contabile deodată în două conturi, unul de debit şi unul de credit.

infracțiunii. Aceste declarații fac parte din categoria celor care se dau în fața organelor fiscale;

- latura obiectivă presupune o acțiune de sustragere de la efectuarea verificărilor financiare, fiscale sau vamale, prin nedeclararea, declararea fictivă ori declararea inexactă cu privire la sediile principale sau secundare ale persoanelor verificate;

- în literatura de specialitate se arată că „această infracțiune reprezintă o variantă specie a infracțiunii de fals în declarații prevăzute de Codul penal, motiv pentru care în cazul întrunirii elementelor constitutive ale infracțiunii din ambele texte nu va exista un concurs de infracțiuni, ci un concurs de texte făcându-se aplicarea dispozițiilor din legea specială conform dispozițiilor Codului penal."[103]

7. substituirea, degradarea sau înstrăinarea de către debitor ori de către terțe persoane a bunurilor sechestrate în conformitate cu prevederile Codului de procedură fiscală și ale Codului de procedură penală.

Specificitatea evaziunii fiscale în forma prevăzută de art. 9 lit. g din Legea nr. 241/2005 este asigurată prin următoarele:

- obiectul material este reprezentat de bunurile asupra cărora a fost instituită măsura procedurală a sechestrului;

- subiectul activ poate fi orice persoană care îndeplinește condițiile răspunderii penale;

- sub aspectul laturii obiective, elementul material poate consta în una sau mai multe dintre acțiunile prevăzute de legiuitor în mod alternativ: substituirea (înlocuirea), degradarea (alterarea) sau înstrăinarea bunurilor care fac obiectul sechestrului. Sechestrul se constată prin întocmirea unui proces-verbal de către organul fiscal competent, care respectă întocmai mențiunile prevăzute de art. 152 Cod procedură

[103] Florescu Dumitru, Bucur Dan, Mrejeru Theodor, Pantea Marius, Martinescu Andreea, Manea Vasile, *Evaziunea fiscală*, Ed. Universul Juridic, București, 2013, p. 44.

fiscală[104], respectiv, atunci când este în discuţie săvârşirea unei infracţiuni, ale art. 253 Cod procedură penală, acesta comunicându-se biroului de carte funciară care va proceda la înscrierea în cartea funciară.

---

[104] Conform art. 152 alin. 1 din Codul de procedură fiscală. Procesul-verbal de sechestru va cuprinde: a) denumirea organului de executare, indicarea locului, a datei şi a orei când s-a făcut sechestrul; b) numele şi prenumele executorului fiscal care aplică sechestrul, numărul legitimaţiei şi al delegaţiei; c) numărul dosarului de executare, data şi numărul de înregistrare a somaţiei, precum şi titlul executoriu în baza căruia se face executarea silită; d) temeiul legal în baza caruia se face executarea silită; e) sumele datorate pentru a căror executare silită se aplica sechestrul, inclusiv cele reprezentând dobânzi, penalităţi de întarziere sau majorări de întârziere, după caz, menţionându-se şi cota acestora, precum şi actul normativ în baza căruia a fost stabilită obligaţia de plată; f) numele, prenumele şi domiciliul debitorului persoană fizică ori, în lipsa acestuia, ale persoanei majore ce locuieşte împreună cu debitorul sau denumirea şi sediul debitorului, numele, prenumele şi domiciliul altor persoane majore care au fost de faţă la aplicarea sechestrului, precum şi alte elemente de identificare a acestor persoane; g) descrierea bunurilor mobile sechestrate şi indicarea valorii estimative a fiecăruia, după aprecierea executorului fiscal, pentru identificarea şi individualizarea acestora, menţionându-se starea de uzură şi eventualele semne particulare ale fiecărui bun, precum şi dacă s-au luat măsuri spre neschimbare, cum sunt punerea de sigilii, custodia ori ridicarea de la locul unde se află, sau de administrare ori conservare a acestora, după caz; h) menţiunea că evaluarea se va face înaintea începerii procedurii de valorificare, în cazul în care executorul fiscal nu a putut evalua bunul deoarece acesta necesită cunoştinte de specialitate; i) menţiunea făcută de debitor privind existenţa sau inexistenţa unui drept de gaj, ipotecă ori privilegiu, după caz, constituit în favoarea unei alte persoane pentru bunurile sechestrate; j) numele, prenumele şi adresa persoanei căreia i s-au lasat bunurile, precum şi locul de depozitare a acestora, după caz; k) eventualele obiecţii făcute de persoanele de faţă la aplicarea sechestrului; l) menţiunea că, în cazul în care în termen de 15 zile de la data încheierii procesului-verbal de sechestru debitorul nu plateşte obligaţiile fiscale, se va trece la valorificarea bunurilor sechestrate; m) semnătura executorului fiscal care a aplicat sechestrul şi a tuturor persoanelor care au fost de faţă la sechestrare. Dacă vreuna dintre aceste persoane nu poate sau nu vrea să semneze, executorul fiscal va menţiona această împrejurare.

- urmarea imediată implică producerea unui anume rezultat.

4.3.1.3. Forme agravate ale infracțiunilor de evaziune fiscală propriu-zise

Infracțiunile propriu-zise de evaziune fiscală prezintă două forme agravate:

- dacă prejudiciul produs depășește 100.000 euro în echivalentul moendei naționale, când limitele pedepsei se majorează cu cinci ani;
- dacă prejudiciul produs depășește 500.000 euro în echivalentul monedei naționale, când limitele pedepsei se majorează cu șapte ani.

4.3.2. Infracțiunile conexe de evaziune fiscală

4.3.2.1. Elemente caracteristice generale infracțiunilor conexe de evaziune fiscală

Infracțiunile conexe evaziunii fiscale sunt, la fel ca infracțiunile de evaziune fiscală propriu-zise, tot în număr de șapte (art. 3 – art. 8 din Legea nr. 241/2005).

Caracteristicile generale ale acestora sunt:

1. Obiectul juridic constă în relațiile sociale privind buna desfășurare a activităților economico-financiare, a căror realizare implică îndeplinirea în mod onest de către contribuabil a obligațiilor constatate în documentele de control întocmite de organele de control fiscal (art. 3 și art. 4 din Legea nr. 241/2005), dar și de relațiile sociale privind constituirea bugetului de stat, bugetelor locale, bugetului asigurărilor sociale de stat, fondurilor speciale extrabugetare (art. 5 – 8 din Legea nr. 241/2005).
2. Subiectul activ al infracțiunii este contribuabilul.
3. Latura obiectivă este diversificată, putând consta sau în acțiuni, sau, după caz, în inacțiuni.

4. Sub aspectul laturii subiective, faptele penale conexe infracţiunii de evaziune fiscală sunt săvârşite cu intenţie directă sau indirectă, existând situaţii când este sancţionată şi fapta săvârşită din culpă (art. 3 din Legea nr. 241/2005).
5. Sancţiunile aplicabile sunt închisoare şi interzicerea unor drepturi.

Modificările recente aduse Legii nr. 241/2005 prin Legea nr. 50/2013 vizează exclusiv aceste fapte penale, conexe evaziunii fiscale, sporind limitele speciale de pedeapsă[105].

1. fapta contribuabilului care nu reface, cu intenţie sau din culpă, documentele de evidenţă contabilă distruse, în termenul înscris în documentele de control (art. 3 din Legea nr. 241/2005).

Particularităţile acestei infracţiuni vizează:
- dovedirea ca situaţie premisă, a posibilităţii fizice de a reface documentele de evidenţă contabilă distruse. Documentele de control sunt cele întocmite de organele de control fiscal;
- obiectul material constă în documentele de evidenţă contabilă distruse;
- subiectul activ poate fi contribuabilul care întruneşte condiţiile prevăzute de lege pentru a răspunde penal;
- pe lângă stat, ca subiect pasiv al faptei penale, în aceeaşi calitate apar şi organele de control competente care au dispus refacerea documentelor de evidenţă contabilă distruse;
- latura obiectivă constă în nerefacerea documentelor de evidenţă contabilă distruse, în intervalul de timp, expres prevăzut în documentele de control. Constatăm că termenul nu este unul prevăzut de lege, ci apreciat de către organul constatator şi evidenţiat în documentul de control.

În cazul acestei infracţiuni intervine dificultatea de a dovedi că documentele de evidenţă contabilă au fost distruse, şi

105 C., A., Munteanu. *Current issues about tax evasion* (Law no. 50/2013) în "Jurnalul de Studii Juridice" nr. 1-2/2013, Editura Lumen, Iaşi, pp. 69-76.

110

nu sutrase sau pierdute, cazuri în care nu se mai poate reține infracțiunea prevăzută la art. 3 din Legea nr. 241/2005.

- latura subiectivă. Infracțiunea prevăzută la art. 3 din Legea nr. 241/2005 este singura faptă penală conexă evaziunii fiscale pentru care legiuitorul a introdus recent, prin Legea nr. 50/2013, forma de vinovăție a culpei;

- urmarea imediată constă în starea de pericol ce survine ca urmare a nerefacerii documentelor de evidență contabilă în termenul prevăzut și, pe cale de consecință, imposbilitatea derulării în condiții normale a verificărilor financiar contabile.

- sancțiunea aplicabilă constă în închisoare de la 6 luni la 5 ani.

2. refuzul nejustificat al unei persoane de a prezenta organelor competente documentele legale și bunurile din patrimoniu, în scopul împiedicării verificărilor financiare, fiscale sau vamale, în termen de cel mult 15 zile de la somație (art. 4 din Legea nr. 241/2005).

Sunt definitorii pentru această infracțiune următoarele trăsături:

- obiectul material: documentele legale și bunurile din patrimoniu. Aceste documente sunt, în fapt, documente justificative și/sau acte de evidență contabilă;

- subiectul activ: orice persoană fizică care întrunește condițiile legale pentru a răspunde penal;

- latura obiectivă a acestei fapte constă într-o manifestare de voință a subiectului activ, în sensul de a nu respecta obligația sa de a prezenta organelor de control documentele legale sau bunurile ce fac obiectul controlului.

Refuzul nejustificat de a înfățișa organelor de control documentele ori bunurile din patrimoniu poate fi fățiș, explicit (în cazul unei declarații exprese în acest sens) și tacit (de exemplu neprezentarea nejustificată).

Somația este o condiție prealabilă, obligatorie.

- sancţiunea aplicabilă constă în închisoare de la un an la şase ani.

3. împiedicarea, sub orice formă, a organelor competente de a intra, în condiţiile prevăzute de lege, în sedii, incinte ori pe terenuri, cu scopul efectuării verificărilor financiare, fiscale sau vamale (art. 5 din Legea nr. 241/2005).

Această faptă penală se caracterizează prin:

- subiectul activ este orice persoană care îndeplineşte condiţiile pentru a răspunde penal;

- latura obiectivă presupune o activitate de împiedicare sub orice formă, a organelor competente de a intra, în condiţiile prevăzute de lege, în sedii, incinte ori pe terenuri, cu scopul efectuării verificărilor financiare, fiscale sau vamale.

Activitatea incriminată îmbracă în practică formă de acţiune sau de inacţiune.

Organele competente sunt cele care au atribuţii de control fiscal: Ministerul Finanţelor Publice, Agenţia Naţională de Administrare fiscală, cu toate organele aflate în subordinea sa.

- urmarea imediată rezidă în starea de pericol creată prin împiedicarea organelor de control de a derula activităţi de control specifice – fiscale, financiare sau vamale.

- sancţiunea este închisoare de la un an la şase ani.

4. reţinerea şi nevărsarea, cu intenţie, în cel mult 30 de zile de la scadenţă, a sumelor reprezentând impozite sau contribuţii cu reţinere la sursă (art. 6 din Legea nr. 241/2005).

Particularităţile acestei fapte penale sunt următoarele:

- aceastā faptă mai este cunoscută sub denumirile simplificate de stopaj la sursă sau reţinere la sursă.

- definiţie şi trăsături: stopajul la sursă presupune ca, după plata salariilor, angajatorul să dispună de fondurile necesare pentru efectuarea plăţilor reprezentând impozite ori contribuţii cu reţinere la sursă.

Denumirea de stopaj la sursă provine de la modul în care se desfășoară activitatea incriminată, adică stoparea oricărei plăți la sursa de venit impozabilă. Deși beneficiarul venitului, angajatul, are obligația de a plăti impozitele și taxele pe venitul obținut, angajatorului îi incumbă obligația de a calcula, reține și vărsa impozitele și contribuțiile legale pe venitul angajatului către bugetul consolidat al statului.

Impozitele și contribuțiile cu reținere la sursă sunt: impozitul pe veniturile din salarii, pe veniturile asimilate salariilor, pe veniturile din pensii, pe veniturile din dividende, din jocuri de noroc, din premii, din dobânzi, din veniturile zilierilor, din convenții civile, din prestări de servicii sau din venituri realizate întâmplător, dar și contribuția pentru pensie, contribuția pentru sănătate și contribuția pentru șomaj. Între acestea, reținerea și nevărsarea sumelor reprezentând contribuții pentru sănătate și pentru pensii nu reprezintă infracțiune, în condițiile în care legile speciale care reglementează contribuția datorată pentru asigurarea sănătății (art. 305 lit. b raportat la art. 258 alin. 1 din Legea nr. 95/2006 privind reforma în domeniul sănătății) și contribuția pentru pensie (art. 114 alin. 1 lit. k din Legea nr. 263/2010 privind sistemul unitar de pensii) prevăd că nevirarea acestora la buget constituie contravenție.

- din *modus operandi* rezultă și calitatea specială a subiectului activ al infracțiunii, care trebuie să fie angajatorul sau un reprezentant al acestuia. Starea de pericol a acestei fapte penale este agravată de posibilitatea ca alături de stat, subiect pasiv al infracțiunii să fie persoana sau persoanele fizice care ar putea fi prejudiciate de comportamentul angajatorului care nu își îndeplinește obligația legală de a vira impozitele și taxele către stat. Angajatul ar putea fi astfel în situația de a nu beneficia de pensii, șomaj, asigurări de sănătate.

Această faptă penală poate fi reținută numai în cazul în care vorbim despre două persoane diferite, unul care plătește contribuabilului venitul și are obligația legală de a reține și vira impozitele și contribuțiile pe venit, pe de o parte, și contribuabilul beneficiar al venitului.

- latura obiectivă: elementul material constă în inacțiune, respectiv nedepunerea sumelor de bani reprezentând impozite și/sau contribuții cu reținere la sursă.

Condiția obligatorie prealabilă este reținerea sumelor de bani prevăzute expres și precizate mai sus.

Între momentul reținerii și nedepunerea sumelor de bani sus menționate trebuie să treacă un interval de timp de 30 de zile. Așadar simpla depășirea a termenului echivalează cu întrunirea elementelor constitutive ale infracțiunii. Eventuala depunere a sumelor reprezentând impozite și contribuții cu reținere la sursă va putea constitui o circumstanță atenuantă judiciară.

- urmarea imediată presupune o stare de periscol pentru instituțiile statului care colectează banii pentru bugetul de stat, bugetele locale, bugetul asigurărilor sociale de stat, fondurile speciale extrabugetare.

- sancțiunea este închisoare de la un an la 6 ani sau amendă.

Este de notorietate că, în România, impozitele și contribuțiile pe care le plătește angajatorul și angajatul din salariu sau veniturile asimilate salariului depășesc 65,5% din venit și s-a stabilit că nevirarea acestor sume de bani către stat constituie infracțiune. Detaliind cuantumul exagerat al impozitelor și taxelor reținute din salariu, precizam că acest procent se constituie din rețineri ale angajatului (contribuții sociale, respectiv CAS – 10,5%; șomaj – 5,5%; contribuții la asigurări sociale de sănătate, adică CASS – 5,5% și impozit pe salariu – 16%), plus rețineri ale angajatorului (CAS – 20,8%, CASS – 5,2%, șomaj – 0,5%, fond de risc – variabil în funcție de activitatea desfășurată în raport de codul CAEN, fond de garantare – 0,25% și fondul de boală – 0,85%). Toate acestea se aplică la venitul brut al angajatului.

Există însă posibilitatea ca, angajatorul să plătească impozitele sau contribuțiile cu reținere la sursă, tocmai pentru a nu fi pasibil de o sancțiune penală, dar în schimb "să uite" să achite suma de bani reprezentând salariu sau venitul asimilat acestuia. În această din urmă premisă, unica posibilitate a angajatului de a-și primi remunarația o reprezintă, cel mai probabil, deschiderea unei acțiuni de dreptul muncii, fără nici un fel de implicație penală pentru angajator. Inechitabilitatea situațiilor care pot apărea astfel, ar putea fi corectată printr-o modificare legislativă necesară, prin incriminarea unei astfel de inacțiuni a angajatorului.

5. deținerea sau punerea în circulație, fără drept, a timbrelor, banderolelor sau formularelor tipizate, utilizate în domeniul fiscal, cu regim special (art. 7 alin. 1 din Legea nr. 241/2005).

Caracteristice acestui tip de infracțiune sunt:

- obiectul material constă în timbrele, banderolele, formularele tipizate care au regim special. Aplicarea timbrelor sau banderolelor, înseriate și numerotate conform art. 204 Cod fiscal, se realizează în cazul produselor accizabile;

- latura obiectivă implică o activitate de deținere fără drept ori de punere în circulație fără drept a timbrelor, banderolelor sau formularelor tipizate, utilizate în domeniul fiscal, cu regim special. Punerea în circulație a acestora poate îmbrăca forme diferite: vânzare, punere la dispoziție, răspândire etc.;

- urmarea imediată constă în crearea unei stări de pericol pentru circuitul financiar și fiscal, prin însăși activitatea de deținere sau de punere în circulație, fără drept, a timbrelor, banderolelor sau formularelor tipizate, utilizate în domeniul fiscal, cu regim special.

- sancțiunea este închisoare de la 2 la 7 ani și interzicerea unor drepturi.

6. tipărirea, deţinerea sau punerea în circulaţie, cu ştiinţă, de timbre, banderole sau formulare tipizate, utilizate în domeniul fiscal, cu regim special, falsificate (art. 7 alin. 2 din Legea nr. 241/2005).

Sunt definitorii pentru această infracţiune următoarele:

- această faptă penală este derivată şi subsecventă faţă de infracţiunea de falsificare iniţială a timbrelor, banderolelor sau tipizatelor cu regim special;

- obiectul juridic special constă în relaţiile sociale privind încrederea publică în autenticitatea timbrelor, banderolelor sau tipizatelor cu regim special;

- din perspectiva subiectului activ se impune ca acesta să cunoască faptul că timbrele, banderolele sau tipizatele cu regim special, sunt false;

- latura obiectivă presupune trei acţiuni alternative: tipărirea, deţinerea sau punerea în circulaţie, de timbre, banderole sau formulare tipizate, utilizate în domeniul fiscal, cu regim special, cunoscând că sunt falsificate;

- latura subiectivă implică întotdeauna intenţie directă, dat fiind faptul că subiectul activ al infracţiunii cunoaşte caracterul fals al timbrelor, banderolelor sau tipizatelor cu regim special;

- urmarea imediată: starea de pericol pentru circuitul financiar şi fiscal, creată prin însăşi activitatea de tipărire, de deţinere sau de punere în circulaţie, fără drept, a timbrelor, banderolelor sau formularelor tipizate, utilizate în domeniul fiscal, cu regim special, cunoscând că sunt falsificate.

- sancţiunea este închisoare de la 3 la 15 ani şi interzicerea unor drepturi.

7. stabilirea cu rea-credinţa de către contribuabil a impozitelor, taxelor sau contribuţiilor, având ca rezultat obţinerea, fără drept, a unor sume de bani cu titlu de rambursări sau restituiri de la bugetul general consolidat ori compensări datorate bugetului general consolidat (art. 8 din Legea nr. 241/2005).

Particularități ale infracțiunii:
- deși, la prima vedere, ar părea că sumele de bani obținute cu titlu de rambursări sau restituiri de la bugetul general consolidat ori compensări datorate bugetului general consolidat constituie obiect material al infracțiunii, în realitate, acestea reprezintă rezultat al faptei penale; această infracțiune este lipsită, așadar, de obiect material;
- latura obiectivă vizează exclusiv o acțiune – de stabilire a impozitelor, taxelor sau contribuțiilor la bugetul general consolidat al statului;
- urmarea imediată presupune un rezultat – obținerea de către contribuabil, în mod nelegal de sume de bani cu titlu de rambursări sau restituiri de la bugetul general consolidat ori compensări datorate bugetului general consolidat;
- latura subiectivă presupune exclusiv intenție directă, dată fiind reaua-credință a contribuabilului în stabilirea impozitelor, taxelor sau contribuțiilor la bugetul general consolidat al statului;
- sancțiunea este închisoare de la 3 la 10 ani și interzicerea unor drepturi.

Asocierea în vederea săvârșirii acestei infracțiuni este sancționată mai drastic, cu este închisoare de la 5 la 15 ani și interzicerea unor drepturi.

2.3.3. Cauze de impunitate, de reducere și de agravare a pedepselor în cazul infracțiunilor de evaziune fiscală și a infracțiunilor conexe evaziunii fiscale

Art. 9 și art. 10 din lege prevăd, după caz, cauze de agravare a pedepselor, dar și cauze de nepedepsire și de reducere a pedepselor, condiționat de existența unei infracțiuni de evaziune fiscală, de stadiul procesual (în cursul urmăririi penale sau al judecății), respectiv de cuantumul prejudiciului produs și acoperirea integrală a acestuia.

Astfel, în cazul săvârşirii unei infracţiuni de evaziune fiscală prevăzută de lege, dacă în cursul urmăririi penale sau al judecăţii, până la primul termen de judecată, învinuitul ori inculpatul acoperă integral prejudiciul cauzat, limitele pedepsei prevazute de lege pentru fapta săvârşită se reduc la jumătate.

Dacă prejudiciul cauzat şi recuperat în aceleaşi condiţii este de până la 100.000 euro, în echivalentul monedei naţionale, se poate aplica pedeapsa cu amendă.

Dacă prejudiciul cauzat şi recuperat în aceleaşi condiţii este de până la 50.000 euro, în echivalentul monedei naţionale, se aplică o sancţiune administrativă, care se înregistrează în cazierul judiciar (art. 10).

Aceste dispoziţii legale operează ca o favoare reglementată în beneficiul învinuitului sau inculpatului care înţelege să repare prejudiciul cauzat statului.

Dimpotrivă, nerecuperarea prejudiciului cumulativ cu existenţa unui prejudiciu mai mare de 100.000 euro sau 500.000 euro, în echivalentul monedei naţionale, atrage aplicabilitatea unei cauze de agravare a pedepsei, în sensul majorării limitelor speciale de pedeapsă cu 5 ani, respectiv 7 ani (art. 9).

Analiza art. 10 alin. 1 din Legea nr. 241/2005 evidenţiază faptul că toate cauzele de reducere a pedepsei sau, după caz, de nepedepsire, vizează excusiv faptele penale de evaziune fiscală, astfel cum sunt prevăzute de art. 9 din lege, nu şi faptele penale conexe evaziunii fiscale. Dacă infracţiunile prevăzute de art. 3-5, art. 7 alin. 1 şi 2, fiind infracţiuni de pericol, oricum nu puneau problema reparării prejudiciului, faptele penale reglementate de art. 6 şi art. 8 alin. 1 şi 2 nu intră sub incidenţa art. 10 alin. 1, chiar în situaţia reparării prejudiciului, deoarece sunt excluse de legiuitor din câmpul de aplicare al articolului de lege anterior menţionat, fiind infracţiuni conexe evaziunii fiscale, iar nu infracţiuni de evaziune fiscală. Eventuala reparare a prejudiciului funcţionează, din perspectiva cauzelor de impunitate şi nepedepsire prevăzute în legea specială, doar ca circumstanță atenuantă judiciară.

Totuși, pentru că diferențierea pe care a făcut-o legiuitorul sub aspectul cauzelor de reducere a pedepselor putea fi calificată drept ilogică și, totodată, discriminatorie, prin Legea nr. 202/2010 privind unele măsuri pentru accelerarea soluționării proceselor, legiuitorul a realizat o corecție necesară, prin introducerea în Codul penal a articolului 74^1 ("În cazul săvârsirii (...) unor infracțiuni economice prevăzute în legi speciale, prin care s-a pricinuit o pagubă, dacă în cursul urmăririi penale sau al judecății, până la soluționarea cauzei în primă instanță, învinuitul sau inculpatul acoperă integral prejudiciul cauzat, limitele pedepsei prevazute de lege pentru fapta savarsita se reduc la jumatate. Dacă prejudiciul cauzat și recuperat în aceleași condiții este de până la 100.000 euro, în echivalentul monedei naționale, se poate aplica pedeapsa cu amenda. Dacă prejudiciul cauzat și recuperat în aceleași condiții este de până la 50.000 euro, în echivalentul monedei naționale, se aplică o sancțiune administrativă, care se înregistrează în cazierul judiciar.").

Cauza de nepedepsire și cauzele de reducere a pedepselor nu sunt aplicabile în situația în care învinuitul sau inculpatul a mai săvârșit o infracțiune dintre cele prevăzute de Legea nr. 241/2005 în ultimii cinci ani și pentru aceasta a beneficiat de nepedepsire sau, după caz, de reducerea pedepsei.

În cazul săvârșirii oricărei infracțiuni dintre cele prevăzute în Legea nr. 241/2005 pentru prevenirea și combaterea evaziunii fiscale, organele judiciare au obligația de a lua măsuri asigurătorii.

Trecerea în revistă a formelor evaziunii fiscale, astfel cum sunt acestea reglementate în prezent, susține părerea exprimată în literatura de specialitate conform căruia "cadrul juridic nu acoperă corespunzător, sub aspectul incriminării și sancționării, numărul mare și diversitatea actelor și faptelor de evaziune fiscală"[106]. Cu titlu de exemplu, avem în vedere practica care se evidențiază în cazul societăților comerciale, cu precădere, de a-și provoca intrarea în insolvabilitate. În Franța, Codul fiscal include în categoria evaziunii fiscale fapta de organizare a insolvabilității. Opinăm că această faptă ar trebui inclusă și în legislația națională ca formă a evaziunii fiscale.

Deoarece interesul principal al statului, ca subiect pasiv al infracțiunilor de evaziune fiscală ori conexe acestora, este de a recupera prejudiciul produs bugetului consolidat al statului, art. 14 din Legea nr. 241/2005 prevede o alternativă: dacă sumele datorate bugetului consolidat al statului nu pot fi cuantificate ca urmare a evidențelor contribuabilului, se recurge la metoda estimării prejudiciului creat, în conformitate cu dispozițiile Codului de procedură fiscală.

4.3.4. Situații frecvent întâlnite de evaziune fiscală

Astfel cum Raportul Alianței Progresiste a Socialiștilor și Democraților în Parlamentul European[107] și practica curentă notrează, enumerăm doar câteva dintre formele frecevente de săvârșire a infracțiunii de evaziune fiscală ori de infracțiune conexă evaziunii fiscale:

- transferul proprietății bunurilor impozabile/taxabile către soț/soție sau copil/copii, pentru a reduce sau chiar a nu mai plăti impozite și taxe. Acest tip de evaziune fiscală este încurajat de legislația fiscală existentă care îl are în vedere pe contribuabil în mod individual. Această formă de evaziune ar putea fi eliminată prin luarea în considerare a familiei ca unitate. Dezavantajele soluției propuse constau în: descurajarea

---

[106] R., Postolache.*Drept financiar*, Editura C.H.Beck, București, 2009, p. 362.
[107] Richard Murphy, Closing the European Tax Gap: a report for group of the progressive alliance of socialists and democrats in the European Parliament, p. 25, disponibil la http://europeansforfinancialreform. org/en/system/files/3842_en_richard_murphy_eu_tax_gap_en_120229.pdf (accesat la 26.08.2013).

căsătoriei și încurajarea relațiilor de concubinaj, descurajarea afacerilor de familie.

- transferul proprietății bunurilor către o fundație sau organizație neguvernamentală, scutită de la plata impozitelor și a taxelor. Soluția o reprezintă obligația de face transparente astfel de tranzacții sau, de ce nu, includerea acestor tranzacții în categoria celor impozabile și în cazul fundațiilor și asociațiilor așa-zise non-profit.

- transferul veniturilor obținute de un agent economic într-o altă jurisdicție, considerată paradis fiscal. Soluția la îndemână ar fi restricționarea libertății de mișcare a capitalurilor, măsură care ar fi însă în contradicție cu piața internă sau lărgirea noțiunii de reședință/domiciliu fiscal astfel încât să poată fi incluse și paradisurile fiscale.

- înregistrarea de cheltuieli fictive, pentru care nu există documente justificative (de exemplu: absența avizului de expediție, a certificatelor de confirmare, a documentelor de recepție a mărfurilor, concomitente cu plata prin numerar pot fi elemente necesare pentru a dovedi ca vanzarea/cumpărarea unor mărfuri nu este reală). Soluția ar putea fi controalele fiscale mai riguroase;

- emiterea de facturi fiscale, fără includerea lor în jurnalul de vânzări, precum și vânzarea de mărfuri fără a deține documente justificative pentru operațiunile contabile desfășurate. Soluția ar putea fi reintroducerea obligativității utilizării facturilor tipizate;

- reducerea bazei de impozitare, prin deducerea de cheltuieli, deși nu există documente justificative sau pentru care nu există o bază legală (de exemplu: deducerea fără drept a penalităților sau a amenzilor sau chiar a plății impozitelor). Soluția ar putea fi includerea acestor cheltuieli în categoria cheltuielilor deductibile, ca măsură însăși de încurajare a plății creanțelor către stat. Menționăm că sunt deductibile însă cheltuielile făcute anticipat, sumele fiind transferate în conturile furnizorului, pentru servicii ce urmează a-i fi prestate anul următor, după cum s-a pronunțat Curtea Supremă de Justiție prin decizia secției de contencios administrativ nr. 2294 din 18 noiembrie 1998[108];

- schimbarea naturii unei tranzacții astfel încât să pară ceea ce nu este în realitate, cum ar fi, de exemplu: plata unor drepturi salariale în forma unor polițe de asigurare;

- plata muncii prin barter, a cărui evidență nu are transpunere contabilă;

- neînregistrarea în evidența contabilă a facturilor privind achiziționarea de mărfuri, în condițiile în care pentru orice operațiune patrimonială există obligația consemnării ei în scris, acesta reprezentând baza înregistrărilor în contabilitate, acestea având ca urmare neachitarea impozitului către stat;

- neîntocmirea în nici o lună de la înființarea unei societăți comerciale de către administrator a vreunei balanțe de verificare pentru a evidenția activitatea societății;

- înregistrarea în evidențele contabile a unor prețuri de aprovizionare mai mari decât cele reale prin întocmirea de facturi false care au ca urmare mărirea cheltuielilor societății, diminuând astfel profitul impozabil;

- utilizarea unei firme nou înființate care funcționează numai în aparență normal, dispărând în preajma scadenței obligațiilor fiscale, în sensul imposibilității de identificare la sediul social declarat sau la punctele de lucru, devenind practic firme fantomă;

- omiterea unor operații comerciale ce intră în sfera T.V.A în baza de calcul a taxei pe valoare adăugată a tuturor facturilor;

---

[108] Curtea Supremă de Justiție, Secția de Contencios Administrativ., dec. nr. 2294 din 18 noiembrie 1998, în Carcu M.D., Safta M., Safta D., *Jurisprudența fiscală*, Ed. Tribuna Economica, București, 2000, p. 16-21.

- necalcularea de către instituţiile financiare a T.V.A. aferentă veniturilor obţinute ca urmare a vânzării-cumpărării bunurilor supuse gajului;

- utilizarea ilicită de rapoarte de reevaluare a bunurilor imobile, prin care clădirile din patrimoniul agenţilor economici sunt subevaluate, pentru a beneficia de reduceri ilicite de la plata impozitului pe clădiri;

- neînregistrarea la administraţiile financiare a contractelor de închiriere a mobilelor sau imobilelor, pentru a nu plăti impozite. O soluţie ar fi sancţionarea nu doar a locatorului, ci şi a locatarului, ambii fiind în culpă pentru nedeclararea contractului la administraţia financiară în a cărei circumscripţie se află imobilul închiriat;

- în cazul bunurilor accizabile, folosirea unor cote de accizare inferioare cotelor legale. Soluţia ar fi reducerea cotelor de accizare;

- neîntocmirea registrelor de casă pentru evidenţierea încasărilor şi plăţilor efectuate prin casierie pentru punctele de lucru;

- utilizarea muncii la negru. Soluţia ar fi chiar reducerea taxelor şi impozitelor pe care le suportă angajatorul pentru salariul plătit angajatului;

- în cazul alcoolului – produs supus accizelor – necalcularea accizelor în cazul modificării concentraţiei alcoolice sau crearea de plusuri de cantităţi de alcool, prin instalarea de mijloace de sustragere (robinete, furtunuri) înainte de contoare. Soluţia ar fi tot reducerea cotelor de accizare;

- comercializarea ilicită a motorinei care beneficiază de reduceri de accize dacă este destinată activităţilor agricole. Soluţia ar fi tot reducerea cotelor de accizare.

5. EVAZIUNEA FISCALĂ ȘI UNIUNEA EUROPEANĂ

Procesul de integrare europeană a presupus și implică numeroase eforturi din punct de vedere al integrării economiilor statelor membre U.E. ceea ce presupune și numeroase tranzacții economice europene, ce implică costuri dar și riscuri aferente. Aceste tranzacții necesită implicarea și respectarea unor sisteme fiscale diferite. Din păcate, trăsătura comună a sistemelor fiscale europene o reprezintă împovărarea fiscală a contribuabililor. Astfel, studiile realizate în domeniu indică faptul că în ansamblul statelor O.C.D.E., statele membre U.E. reglementează taxe și impozite ce afectează P.I.B.-ul intern în proporție mai mare decât în cazul S.U.A. sau Japonia, cu peste 11%, respectiv 13%[109].

Constituirea pieței unice și implicit cele patru libertăți de mișcare – cu trimitere la libertatea de mișcare a capitalurilor – influențează și evaziunea fiscală, care devine la fel de liberă în spațiul european.

5.1. Asimilarea aquis-ului comunitar în materie de evaziune fiscală – condiție necesară pentru integrarea României în Uniunea Europeană

Integrarea României în U.E. a însemnat upgradarea luptei împotriva evaziunii fiscale, mutarea acesteia din palierul național pe un nivel superior – comunitar, în condițiile în care faptele care se subscriu noțiunii de fraudă fiscală lezează nu doar bugetul public național, ci și pe cel european.

În vederea integrării României în Uniunea Europeană și a respectării aquisu-lui comunitar în material evaziunii fiscale în anul 2002 a fost elaborat un studiu de impact al procesului de

---

[109] I.,l Joumard. *Tax systems in European Union Countries* în O.E.C.D. Economic Studies no. 34/2002, p.98.

preaderare a României, intitulat Studiul 12 - „Cerinţele pentru preluarea legislaţiei U.E. privind lupta împotriva criminalităţii economice şi financiare"[110]. Conform acestui document de preaderare, România trebuia să îndeplinească o serie de cerinţe pe marginea modificării legislaţiei, dar şi a cadrului instituţional, precum şi pentru stabilirea şi identificarea resurselor naţionale şi ale U.E. care puteau fi implicate în preluarea acquis-ului privind combaterea criminalităţii economice şi financiare.

Acquis-ul comunitar căruia România trebuia să se conformeze în materie de evaziune fiscală a vizat capitolele de aquis: 10 – impoziterea, 12 – statistică, 24 – justiţie şi afaceri interne, 28 – controlul financiar, 29 – prevederi financiare şi bugetare.

Conform constatărilor specialiştilor din acea perioadă, problemele cele mai importante ale României nu se datorau neapărat neadoptării de legislaţii şi de proceduri parlamentare noi (acestea adoptându-se în fapt într-un ritm destul de alert), dar mai degrabă erau cauzate de incapacitatea şi de indisponibilitatea autorităţilor administrative şi judiciare de a implementa şi de aplica noile reglementări.

În conformitate cu ultima versiune a Planului Naţional de Aderare la Uniunea Europeană, România trebuia să preia mai multe prevederi ale Directivelor 77/388/CEE şi 79/1072/CEE referitoare la reglementarea taxei pe valoare adăugată (TVA), precum şi nu mai puţin de nouă directive din aria taxei pe accize şi două directive în legătură cu impozitarea directă.

Astfel, legislaţia europeană receptată de legislaţia naţională a fost alcătuită din următoarele reglementări europene: Directiva Consiliului 77/799/CEE din 19 decembrie

---

[110] Studiul 12 - „Cerinţele pentru preluarea legislaţiei UE privind lupta împotriva criminalităţii economice şi financiare, disponibil la http://www.ier.ro/documente/studiideimpactPaisI_ro/Pais1_studiu_12_ro .pdf (accesat la 14.08.2013).

1977 privind asistența bilaterală de către autoritățile competente ale Statelor Membre, în domeniul impozitării directe; Directiva Consiliului 77/1070/CEE; Directiva Consiliului 89/130/CEE privind armonizarea constituirii PIB conform prețurilor de piață; Directiva Consiliului 89/1553/CEE privind normele integrate pentru colectarea fondurilor proprii rezultate din TVA; Directiva Consiliului 93/454/CEE privind definirea impozitelor la producție și import; Directiva Consiliului 94/168/CEE asupra măsurilor de implementare; Regulamentul Consiliului 218/92/CEE privind cooperarea administrativă în domeniul impozitării indirecte (TVA); Decizia Comisiei nr. 98/527/CE privind tratamentul fraudei TVA în conturile naționale de înregistrări contabile (discrepanțele dintre facturile teoretice și cele reale pe TVA); Regulamentul Parlamentului European și al Consiliului Nr. 2516/2000/CE din 7 noiembrie 2000; Rezoluția Consiliului din 10 februarie 1975 asupra măsurilor ce trebuie luate de Comunitate pentru lupta împotriva evaziunii și sustragerii fiscale; Rezoluția Consiliului și a reprezentanților Guvernelor Statelor Membre, întâlnirea în cadrul Consiliului din 13 noiembrie 1991 pe tema protecției intereselor financiare comunitare.

Evaziunea fiscală trebuia abordată din perspectiva directivelor care defineau metodele definitive integrate în colectarea fondurilor proprii ce rezultau din TVA, respectiv a impozitelor legate de producție și import:

A șasea directivă 77/388/CEE din 17 mai 1977 se referea la armonizarea legislațiilor statelor membre referitoare la impozitele pe cifra de afaceri – sistemul comun de taxă pe valoare adăugată: bază unitară de evaluare.

Sfera de aplicare a directivei a fost reprezentată de aplicarea T.V.A. la livrările de bunuri, dar și prestările de servicii efectuate cu titlu oneros pe teritoriul statului de către persoanele plătitoare de impozit, precum şi importurilor de bunuri.

Directiva stabileşte cotele eplicabile şi reglementează o serie de scutiri de la plata acestei taxe, pe o serie de considerente expres prevăzute: caracterul de interes public al activităţilor desfăşurate (servicii poştale publice, servicii de asitenţă medicală, livrarea de organe şi sânge umane, servicii educaţionale, servicii culturale) sau o serie de scutiri la importul şi/sau exportul de bunuri ori servicii.

Actul comunitar stabileşte şi o serie de deduceri ale T.V.A. – ului din impozitul pe care au obligaţia a-l plăti şi înfiinţează un comitet consultativ pentru T.V.A.

A opta directivă 79/1072/CEE din 6 decembrie 1979 privind armonizarea legislaţiilor statelor membre referitoare la impozitele pe cifra de afaceri – sisteme de restituire a taxei pe valoare adăugată persoanelor impozabile care nu sunt stabilite pe teritoriul ţării. Se recunoaşte astfel nediscriminarea între persoanele plătitoare de impozit provenind din state membre diferite U.E., rambursarea T.V.A fiind asigurată şi persoanelor plătitoare de impozit nerezidente în statul în care are loc livrarea sau prestează serviciul, dar rezident în alt stat membru U.E., cu excluderea nonrezidenţilor U.E.

Directiva detaliază procedura de rambursare T.V.A., stabilind condiţiile şi termenele în care trebuie depusă cererea de rambursare, dar şi decizia pe care o ia autoritatea fiscală competentă. Rambursările de T.V.A. frauduloase dau dreptul la recuperarea sumelor plătite astfel, şi a penalizărilor aferente, dar şi a unei suspendări la alte rambursări de T.V.A. către persoana plătitoare de impozit care se face vinovată de rambursări incorecte, timp de doi ani de zile.

Directiva 89/130/CEE privind armonizarea constituirii PIB conform preţurilor de piaţă defineşte P.I.B. raportat la preţurile pieţei astfel încât acesta să fie în exprimat în raport cu Sistemul European de Conturi Economice Integrate (SEC) și calculat prin adăugarea la produsul intern brut la prețurile pieței (PIBpp) a compensațiilor salariaților (R 10) și a veniturilor din proprietăți și a celor antreprenoriale (R 40) primite din restul lumii, mai puțin fluxurile corespunzătoare plătite restului lumii. Directiva se concentrează pe metoda de calcul a P.I.B. și pe controlul modului de calcul, astfel cum este realizat de Comisia Euroepană, asistată de un comitet alcătuit din reprezentanții statelor membre și prezidat de reprezentantul Comisiei.

Directiva Consiliului 93/454/CEE din 24 august 1993 privind definirea impozitelor la producție și import. Directiva precizează faptul că definirea impozitelor la producție și import vor fi implementate în baza articolului 1 al Directivei 89/130/CEE. Se prevede că produsul intern brut (PIB) va fi definit în acord cu Sistemul European de Contabilitate Economică Integrată. Produsul intern brut va fi calculat prin adăugarea la PIB a compensației angajaților, a proprietății și a venitului întreprinzătorilor acceptat de restul lumii, mai puțin resturile corespunzătoare de plătit.

Directiva Consiliului 94/168/CEE asupra măsurilor de implementare vizează îmbunătățirea caracterului exhaustiv al PIB, care reprezintă o componentă majoră a P.N.B. al statelor membre, în ceea ce privește activitatea economică din cadrul producției înregistrate conform sistemului european de conturi economice integrate ("SEC"). Conform definițiilor date de decizie, estimările PNB și PIB sunt exhaustive atunci când acoperă nu numai producția, veniturile primare și cheltuielile care sunt urmărite direct în anchetele statistice sau registrele administrative, ci includ și producția și veniturile primare și cheltuielile care nu sunt urmărite direct.

Acestea din urmă sunt legate, între altele, de unul sau mai multe din următoarele fenomene: absența unităților înregistrate și active economic din evidențele statistice;

evaziunea de la plata impozitelor şi/sau primelor de asigurări sociale; scutirea de obligaţia de a prezenta informaţii autorităţilor fiscale şi de asigurări sociale.

Absenţa din evidenţele statistice include neînregistrarea în fişele statistice a unităţilor active economic, înregistrate la autorităţile fiscale sau de asigurări sociale, reversul acestei situaţii constând în înregistrarea în evidenţele statistice a unor unităţi care nu mai sunt active din punct de vedere economic.

Evaziunea de la plata impozitelor şi a primelor de asigurări sociale include declararea unor cifre autorităţilor fiscale şi de asigurări sociale, care conţin omisiuni sau sunt falsificate şi include neprezentarea declaraţiilor obligatorii de achitare a impozitului pe venit şi asigurări sociale, de exemplu în cazul unităţilor clandestine de producţie.

Scutirea de obligaţia de a prezenta informaţii autorităţilor fiscale şi de asigurări sociale este legată, între altele, de pragurile minime pentru înregistrarea obligatorie a anumitor activităţi sau tranzacţii. Ea include scutirea acordată anumitor grupuri de persoane sau de întreprinderi şi prezentarea unor declaraţii de impunere parţiale care nu încalcă regulamentele de reglementare a sistemelor fiscale şi de asigurări sociale.

Regulamentul 218/92/CEE privind cooperarea administrativă în domeniul impozitării indirecte (TVA). Principalele inovaţii ale Regulamentului din 1992 au fost: înfiinţarea unei baze de date electronice (Sistemul de Schimb Informaţional VIES –TVA) şi comunicare automată către toate statele membre a valorii totale a tuturor bunurilor intracomunitare contribuabililor identificaţi în respectivele state membre, odată cu numerele de identificare relevante ale TVA-ului. Regulamentul a pus astfel bazele unui sistem de strânsă colaborare între autorităţile administrative ale statelor membre şi între respectivele autorităţi şi Comisie. Această reglementare a fost modificată temporar prin Regulamentul 792/2002.

Decizia Comisiei nr. 98/527/CE privind tratamentul fraudei T.V.A. în conturile naționale de înregistrări contabile (discrepanțele dintre facturile teoretice și cele reale pe T.V.A.). Statele membre calculează valoarea fraudei cu TVA fără complicitatea cumpărătorilor în funcție de încasările teoretice și cele reale de TVA și analizând diferența dintre aceste două sume. Încasările teoretice de TVA reprezintă TVA care care ar fi obținută dacă toate unitățile plătitoare de TVA ar plăti taxa conform legislației în vigoare. Din momentul efectuării calculului încasărilor teoretice de TVA, pe baza legislației și reglementărilor în vigoare în materie de TVA, diferența dintre încasările teoretice de TVA și încasările efective de TVA pot fi puse pe seama a patru cauze: decalajele temporale dintre datele trezoreriei și conturile naționale; anulările ad-hoc efectuate de autoritățile fiscale pentru anumite creanțe de TVA în caz de insolvabilitate; frauda fiscală cu complicitatea cumpărătorului (cumpărătorul nu plătește TVA vânzătorului); frauda fără complicitatea cumpărătorului (cumpărătorul plătește TVA vânzătorului, dar vânzătorul nu plătește administrației fiscale taxa pe valoare adăugată).

Regulamentul Parlamentului European și al Consiliului nr. 2516/2000/CE din 7 noiembrie 2000. Regulamentul transpune principiile generale, conform cărora impactul impozitelor și contribuțiilor sociale înregistrate în sistem asupra capacității și/sau necesității de finanțare a administrațiilor publice nu trebuie să includă sumele puțin probabil să fie încasate. Astfel, impactul impozitelor și contribuțiilor sociale înregistrate în sistem pe bază de acumulare asupra capacității și/sau necesității de finanțare a administrațiilor publice trebuie să fie echivalent, pe o perioadă de timp rezonabilă, cu sumele corespunzătoare efectiv încasate.

Impozitele și contribuțiile sociale înregistrate în conturi pot proveni din două surse: sume justificate prin evaluări și declarații sau încasări în numerar.

Verificarea aplicării acestui regulament de către statele membre revine Comisiei (Eurostat), iar începând cu anul 2000, statele membre trebuie să pună la dispoziția Comisiei (Eurostat), înainte de sfârșitul fiecărui an, o descriere detailată a metodelor pe care intenționează să le utilizeze pentru diferitele categorii de impozite și contribuții sociale, pentru aplicarea regulamentului.

Rezoluția Consiliului din 10 februarie 1975 asupra măsurilor care trebuie luate de Comunitate pentru lupta împotriva evaziunii și sustragerii fiscale. Comunicatul Comisiei a constatat că, în vederea combaterii evaziunii fiscale, acordurile bilaterale, colaborarea statelor din cadrul Comunității, dar și cu state terțe ar trebui întărită, iar metodele adoptate ar trebui adaptate noilor forme ale evaziunii fiscale. Informațiile schimbate de state cu ocazia acestor colaborări trebuie să fie protejate față de persoane neautorizate, astfel încât drepturile fundamentale și garanțiile procedurale ale cetățenilor și întreprinderilor să fie respectate, iar statele membre au obligația subsecventă de a păstra secretul în anumite chestiuni. Prin urmare, statele membre care primesc astfel de informații trebuie să le folosească doar în scopul stabilirii corecte a impozitelor pe venit sau pe profit sau pentru a susține incriminarea persoanelor care încalcă legea fiscală a statului destinatar. De asemeni trebuie păstrată confidențialitate a informațiilor, în aceeași manieră în care aceasta era asigurată în statul de la care provine.

Rezoluția Consiliului și a reprezentanților Guvernelor Statelor Membre, întâlnirea în cadrul Consiliului din 13 noiembrie 1991 pe tema protecției intereselor financiare comunitare. Adoptarea aceastei rezoluții a apărut ca urmare a creșterii fenomenului de fraudă (inclusiv evaziunea fiscală și fraudă vamală) și a impactului internațional al acestui fenomen, precum și datorită necesității de a întreprinde măsuri tot mai puternice și mai eficiente de prevenire și combatere a practicilor de natură a afecta interesele financiare ale Comunității. Totodată, a fost apreciat raportul înaintat asupra relației dintre dreptul comunitar și dreptul penal, acest raport fiind rezultatul unui studiu întocmit de un grup de experți guvernamentali în contextul cooperării politice europene.

În vederea adoptării acquis-ului comunitar, principala problemă cu care s-a confruntat România în chestiunile fiscale a fost lipsa corelării diferitelor legi. În general, legile românești nu erau destul de clare și lăsau loc interpretării.

Pe de altă parte, s-a constatat că instituțiile fiscale nu aveau personal suficient, în timp ce sistemul de control nu era complet modernizat. Astfel, instituțiile fiscale aveau posibilitatea de a controla eficient doar o mică parte a persoanelor fizice sau juridice, iar sistemul de înregistrare al activelor și veniturilor nu putea urmări corect circulația documentelor de rigoare, în timp ce mecanismele care permiteau incriminarea contravențiilor care putea fi descoperite în acest domeniu erau prea lente sau insuficient dezvoltate.

Sistemul informatic trebuia modernizat pentru a face față necesităților impuse de imperativul asigurării asistenței reciproce, dar și cooperării administrative între autoritățile fiscale ale statelor membre. Acestea trebuiau asigurate că aveau posibilitatea de a obține informații despre agenții economici rezidenți în alte state membre automat sau la cerere, după caz. Însăși constituirea pieței unice reprezenta un motiv de îngrijorare din perspectiva răspândirii evaziunii fiscale, în special, în privința T.V.A. și a accizelor.

Studiile realizate anterior integrării României în U.E. au evidențiat existența unor prevederi permisive și chiar favorabile evaziunii fiscale, în regulile, procedurile și reglementările sistemelor bancar, financiar și valutar, precum și în normele care reglementau în general contractele.

Pentru a îndeplini standardele U.E. privind lupta împotriva evaziunii şi sustragerii fiscale (componenta administrativă), autorităţile româneşti au fost obligate să perfecţioneze: activitatea instituţiilor specializate din domeniu (Ministerul Finanţelor Publice, fosta Gardă Financiară, Ministerul Muncii, Ministerul Public, Ministerul Justiţiei); procedura fiscală, care de fapt cuprindea controlul şi înregistrarea diferitelor tipuri de venituri şi active; activitatea de armonizare şi de unificare a tuturor regulilor şi procedurilor în cadrul unui Cod Fiscal, care să nu mai sufere modificări repetate, la interval scurte de timp.

Adoptarea aquis-ului comunitar în materie de fraudă fiscală a însemnat:

a. măsuri de întărire a controlului fiscal (impozitul pe profit s-a adapta cerinţelor impuse de legislaţia europeană, măsuri de stimularea a abolirii economiei subterane şi de ridicare a activităţilor care alimentează economia subterană în economia de suprafaţă, adoptarea T.V.A.);

b. măsuri de privatizare a marilor întreprinderi, rămase din sistemul politic antedecembrist şi de eficientizare a activităţii acestora sau, după caz, de lichidare a acestora;

c. măsuri de întărire a disciplinei fiscale.

Obiectivele fiscale ale U.E. sunt urmărite prin metodele permise de structura comunitară, respectiv armonizarea legislaţiilor naţionale şi adoptarea de reguli comune. Armonizarea legislaţiilor statelor membre U.E. nu este totuşi una sistematică. Neexistând niciun inconvenient în a lăsa să subziste disparităţi care nu stânjenesc nici construcţia, nici funcţionarea Pieţei Comune, dispoziţiile fiscale din statele membre U.E. rămân diferite, fiind un exemplu al principiului binecunoscut al unităţii în diversitate.

5.2. Politica statelor membre U.E. în domeniul evaziunii fiscale

În continuare, recurgem la o comparație între statele membre U.E. și politica întreprinsă în domeniul evaziunii fiscale:

1. **Austria** adoptă o politică declarată clar împotriva evaziunii fiscale, în general, și împotriva evaziunii fiscale practicată prin intermediul offshorurilor, în special. Astfel, în luna mai a anului 2013, Austria a semnat tratatul îndreptat împotriva evaziunii fiscale offshore.

2. În **Belgia**, un proiect de lege din aprilie 2013 aduce în discuție noțiunea de evaziune fiscală gravă, în timp ce o lege prevede o perioadă de amnistie fiscală din 15 iulie 2013 și până la 31 decembrie 2013. Cazul Belgiei este unul interesant prin prisma caracterului federal al Belgiei[111]. Analiza celor două regiuni duce la constatări interesante din perspectiva extinderii fenomenului de evaziune fiscale: astfel în Flandra, regiune mai bogată, evaziunea fiscală este mai extinsă, spre deosebire de Valonia, regiune mai săracă, cu un grad mai diminuat al evaziunii fiscale.

3. **Bulgaria** se bucură de stabilitate fiscală și de o tendință continuă de reducere a taxelor și a impozitelor. Sub presiunea U.E. o nouă lege a fost adoptată în acest an, de natură a descoperi marii evazioniști fiscali, îmbogățiți în special în ultimii 25 de ni.

4. Fost paradis fiscal, **Cipru** nu este încă aliniat prevederilor U.E. pivind lupta împotriva evaziunii fiscale, făcând eforturi consistente în acest sens.

---

[111] Lefebvre Mathieu, Pestieau Pierre, Riedl Arno, Villeval Marie, *Tax evasion, welfare fraud and the "the broken window" effect: an experiment in Belgium, France and Netherland*, p. 5, disponibil la http://www.unamur.be/en/eco/eeco/LPRV-Fraud-V2_28Feb11.pdf (accesat la 03.09.2013).

5. În **Cehia**, lupta împotriva evaziunii fiscale urmărește în principal eludarea plății TVA la combustibilii. Deși ne oprim asupra Slovaciei mai târziu, câteva considerații despre ambele state menționate sunt necesare, în condițiile în care cele două națiuni sunt încă socotite gemene, dată fiind ruptura lor din 1992. În literatura de specialitate, cele două națiuni sunt numite "frați gemeni, separați la naștere"[112]. Dacă până în anul 1992, exista o viziune unitară și cu privire la modalitățile de combatere a evaziunii fiscale, ulterior s-au conturat două viziuni, ale căror rezultat au reprezentat o evaziune fiscală puternică în Slovacia, combătută prin mijloace penale, și diminuarea fenomenului în Cehia pe fondul relaxării fiscale.

6. În **Danemarca** a fost aprobată la 8 mai 2012 o lege privind amnistia fiscală pe o perioadă cuprinsă între data intrării în vigoare a legii și până la 30 iunie 2013. Obiectul acesteia l-au reprezentat veniturile păstrate în conturi din afara Danemarcei de către rezidenții proprii, care puteau fi declarate autorităților fiscale daneze în perioada menționată, evazioniștii declaranți beneficiind astăzi de penalități reduse, în plus neintrând sub incidența legii penale.

7. Descrisă de către politicienii proprii drept „sport național", evaziunea fiscală în **Grecia** atinge cote alarmante. Fondul Monetar Internațional insistă în reducerea evaziunii fiscale, în condițiile în care acest fenomen stă în centrul crizei economice severe pe care o traversează de câțiva ani statul elen. Din păcate, nu au fost întreprinse suficiente eforturi pentru ca lupta împotriva evaziunii fiscale să depășească nivelul declarativ.

8. Cel puțin la nivel declarativ **Finlanda** își propune să fie unul dintre promotorii europeni în lupta împotriva fraudei

---

[112] Hanousek Jan, Palda Filip, *Why people evade taxes in the Czech and Slovak Republics: a tale of twins*, 2002, p. 2, disponibil la http://citeseerx.ist.psu.edu /viewdoc/download?doi=10.1.1.203.2592&rep=rep1&type=pdf (accesat la 02.09.2013).

fiscale, în special prin opoziția clară împotriva paradisurilor fiscale.

9. În **Franța**, raportul parlamentar dat publicității în iulie 2013 insistă pe necesitatea înăspririi luptei împotriva fraudei fiscale, în condițiile în care autoritățile franceze sunt ezitante în cercetarea penală împotriva faptelor de evaziun fiscală.

10. **Germania** a pierdut în cursul anului 2012, nu mai puțin de 65 miliarde euro ca urmare a evaziunii fiscale. Înscriindu-se pe direcția imprimată de Comisia Europeană, Germania a semnat în anul 2012 un acord cu Elveția, care a intrat în vigoare în anul 2013 și care asigură schimbul de informații între instituțiile financiare germane și elvețiene cu privire la conturile rezidenților germani în Elveția.

11. **Ungaria** a inițiat în cursul anului 2013 reforma sistemului fiscal în vederea diminuării evaziunii fiscale, prin diminuarea contribuțiilor și taxelor care incumbă întreprinderilor mici și mijlocii, precum și prin eliminarea unor taxe care sunt în sarcina anumitor sectoare de activitate.

12. În **Italia**, cu toate eforturile autorităților de a diminua evaziunea fiscală, aceasta este în continuare o problemă stringentă, un sfert dintre cetățenii italieni eludând prevederile legilor fiscale. Fiecare contribuabil este identificat cu un număr special, utilizat nu numai în procesul de colectare a impozitelor și taxelor, dar și în cazul încheierii de asigurări, a contractelor de utilități.

13. Legislația fiscală din **Letonia** este una dintre cele mai ușoară din U.E. și, în plus, ia în considerare în anul curent diminuarea contribuțiilor în raporturile de muncă. Fost stat sovietic, în anul 2012, Letonia a semnat cu Rusia un Acord de prevenire a dublei taxări și a evaziunii fiscale, care a intrat în vigoare la 1 ianuarie 2013.

14. Preluarea președinției U.E. de către **Lituania** în iulie 2013 reprezintă un prilej pentru a continua lupta împotriva evaziunii fiscale.

15. **Irlanda** este unul dintre primele state care au semnat acordul FATCA, asumându-și astfel angajamentul de luptă împotriva fraudei fiscale internaționale.

16. Maltezii se înscriu în categoria rău-platnicilor în U.E., iar **Malta** rămâne un semi-paradis fiscal, atrăgând economiile străinilor. Marele avantaj al Maltei constă în existența a nu mai puțin de 40 de tratate de evitare a dublei impuneri cu tot atâtea state.

17. **Olanda** este un veritabil paradis fiscal pentru multinaționale. Un studiu realizat în acest sens[113] având ca obiect primele 100 companii multinaționale, listate la Bursa din Londra – London Stock Exchange – constată că din cele 8492 sucursale ale acestora, nu mai puțin de 1330 sunt stabilite în Olanda, singurul stat care depășește Olanda din acest punct de vedere fiind statul american Delaware. Olanda este însă un loc de tranziție pentru multinaționale, care își transferă de aici veniturile obținute către paradisurile fiscale, fără a fi nevoite să dea explicații.

18. În **Polonia**, lupta împotriva fraudei fiscale a fost mutată în plan administrativ, prin simplificarea procedurilor de înmatriculare pentru noii agenți economici, printr-o mai bună cooperare administrativă cu întreprinzătorii nou înregistrați.

19. În **Portugalia** evaziunea fiscală conduce la pierderi anuale de 12 miliarde de euro.

20. În **Slovacia**[114], se implementează reforma sistemului fiscal, scopul fiind reducerea dimensiuni evaziunii fiscale.

---

[113] Studiu privind primele 100 companii multinaționale, disponibil la http://www.actionaid.org.uk/sites/default/files/doc_lib/addicted_to_tax_havens.pdf (accesat la 10.08.2013).

[114] *New corporate and legislation in Slovakia*, Editura DLA Piper, 2012, p. 2, disponibil la http://www.dlapiper.com/files/Publication/fbbb87b4-baf9-

Reformarea sistemului fiscal este implementată pe trei direcții: legislația fiscală (prin introducerea unei taxe speciale în scop de colectare a TVA-ului sau de radiere a înregistrării unei persoane juridice în scop de TVA, în situația în care aceasta nu și-a depus declarațiile fiscale obligatorii sau dacă în mod repetat s-a refuzat accesul organelor fiscale la sediul declarat al persoanei juridice), legislație comercială (înregistrarea unei societăți cu răspundere limitată va fi condiționată de lipsa oricărei creanțe fiscale ale asociaților) și legislația penală (prin reglementarea evaziunii fiscale în forma unei solicitări neîntemeiate de rambursare TVA de natură a conduce la dobândirea de benefici nejustificate pentru sine sau pentru o terță persoană).

21. În **Slovenia** sunt formulate anual 100 de acuzații de evaziune fiscală, din care numai 10% ajung la stadiul de judecată. Costul anual al faptelor de evaziune fiscale este de 10.000.000 euro[115].

22. **Estonia** este folosită mai ales de finlandezii care încearcă să găsească o cale de a nu mai plăti impozite și taxe în Finlanda. Astfel, 16.000 de cetățeni finlandezi ocupă poziții de conducere în firme care își au sediul în Estonia.

23. Evaziunea fiscală în **Suedia** îmbracă frecvent trei forme: frauda asupra T.V.A., contrabanda cu mărfuri având accize mari (alcool, tutun, combustibili din petrol) și revenirea la comerțul de tip barter[116].

24. Lupta pe care **Marea Britanie** a declanșat-o împotriva evaziunii fiscale este de mare amploare. În acest sens, a crescut numărul aparatului de stat de luptă împotriva

---

49aa-b92c-e9d77a3542e1/Presentation/PublicationAttachment/f86c84ad-f825-41ca-bc14eaf768e43f8f/New_corporate_and_tax_legislation_in_Slovakia.pdf (accesat la 02.09.2013).

[115] Zibert Franc, "Tax policy and tax avoidance" în "Journal of Criminal Justice and Security", vol. 8, issue 3,4 /2006, p. 274.

[116] Gallagher Colin, *"Sweden's economy: distorted by taxes*, disponibil la http://martindale.cc.lehigh.edu/sites/martindale.cc.lehigh.edu/files/gallagher.pdf, p. 40 (accesat la 03.09.2013).

evaziunii. Astfel, în ultimii ani, au fost angajaţi în mod special 200 de procurori care se ocupă strict de acuzarea celor care săvârşesc fapte de evaziune fiscală, crescând exponenţial numărul celor acuzaţi de fapte de evaziune fiscală. Astfel, dacă la nivelul anului 2010-2011 erau acuzaţi de astfel de fapte 165 persoane, în anul 2012-2013 vorbim despre 565 persoane, iar pentru 2014-2015 se aşteaptă 1165 acuzări similare[117].

25. Şi în **Spania** criza economică a avut efecte devastatoare, rata şomajului fiind de 22%, în timp ce 45% dintre tinerii spanioli nu au un loc de muncă. Acestea au condus la creşterea evaziunii fiscale. Lupta împotriva fraudei fiscale a căpătat accente publice, în condiţiile în care fotbalistul Messi de la echipa de fotbal reputată a Spaniei FC Barcelona a fost acuzat, alături de tatăl său, de fraudă fiscală care depăşeşte 4 milioane de euro.

26. **Luxemburg** rămâne, în limita prevederilor legale europene, un paradis fiscal. La nivel declarativ autorităţile luxemburgheze se arată de acord cu schimbul de informaţii între instituţiile financiare.

27. În **Croaţia**, nou stat membru U.E., un studiu din 2012 stabileşte nivelul fraudei fiscale la peste 5 miliarde de euro. Integrarea în U.E. a însemnat reformarea sistemului fiscal, prin reglementarea de noi impozite şi taxe – T.V.A., semnarea de tratate de evitare a dublei impuneri (40 la număr).

O privire de ansamblu asupra legislaţiei statelor membre U.E. privind regimul sancţionator în materie de evaziune fiscală evidenţiază o mare diferenţă de optică a legiuitorilor din state membre diferite U.E.

---

[117] H.M. Revenue and customs, *Reducing tax evasion and avoidance*, disponibil la https://www.gov.uk/government/policies/reducing-tax-evasion-and-avoidance (accesat la 03.09.2013).

Tabel. 1 Sancţiuni penale aplicabile în caz de săvârşire a infracţiunii de evaziune fiscală în statele membre U.E.

Nr. crt.	Stat Membru U.E.	Sediul materiei	Sancţiune
1.	Austria	Codul Penal	Închisoare 3-5 ani/ amenda de până la două ori valoarea evaziunii
2.	Belgia	Codul impozitelor pe venit şi Legea generală a vămilor şi a accizelor	Închisoare 1 lună – 5 ani/ amendă
3.	Bulgaria	Codul Penal	Închisoare de la 1-10 ani
4.	Cipru	Codul Penal	Închisoare până la 25 ani/amendă de maxim 5125,80 euro
5.	Cehia	Codul Penal	Închisoare până la 2 ani
6.	Danemarca	Codul Penal	Închisoare 1-8 ani
7.	Grecia	Codul Penal	Închisoare până 3 ani/ amendă
8.	Finlanda	Codul Penal	Închisoare 14 zile- 4 ani
9.	Franţa	Codul Penal	Închisoare pâna la 7 ani/ amenda de maxim 750.000 euro
10.	Germania	Codul Penal	Închisoare până la 5 ani/ amendă
11.	Ungaria	Codul Penal	Închisoare până la 5 ani
12.	Italia	Codul penal	Închisoare 6 luni-6 ani/ amenda 51 euro-1032 euro
13.	Letonia	Codul Penal	Închisoare până la 3 ani/ amendă până la 60 ori valoarea salariului minim lunar

14.	Lituania	Codul Penal	Închisoare până la 8 ani/amendă
15.	Irlanda	Legea justiţiei penale	Închisoare până la 5 ani
16.	Malta	Codul Penal	Închisoare 1-18 luni/ amendă
17.	Olanda	Codul Penal	Închisoare până la 6 ani/ amendă maxim de 76.000 euro
18.	Polonia	Codul Penal	Închisoare 3 luni-5 ani
19.	Portugalia	Codul Penal	Închisoare până la 3 ani/ amendă
20.	România	Legea evaziunii fiscale	Închisoare 2-15 ani/ amendă
21.	Slovacia	Codul Penal	Închisoare 1 an-5 ani
22.	Slovenia	Codul Penal	Închisoare 3 luni-5ani
23.	Estonia	Codu Penal	Închisoare 6 luni-3 ani
24.	Suedia	Codul Penal	Închisoare până la 2 ani
25.	Marea Britanie	Legea privind frauda	Închisoare până la 10 ani/ amendă
26.	Spania	Codul penal	Închisoare 6 luni -3 ani
27.	Luxemburg	Codul penal	Închisoare 1 lună-1 an/ amendă 500-30.000 euro

Sursa: Propunere de directivă a Parlamentului European şi a Consiliului privind combaterea fraudelor îndreptate împotriva intereselor financiare ale Uniunii Europene prin intermediul dreptului penal, p. 3, disponibilă la http://ec.europa.eu/anti_fraud/documents/pif-report/pif_proposal_ro.pdf (accesat la 01.08.2013)

Analiza regimului sancţionator aplicabil în statele membre U.E. relevă unitatea din perspectiva tipului de sancţiuni penale aplicabile - închisoare sau amendă penală, dar nu şi din punct de vedere al minimului şi maximului special. Astfel, remarcăm că în cadrul U.E. România a reglementat cele mai severe sancţiuni (închisoare de la 2 ani la 15 ani, în situaţia aplicării unor circumstanţe agravante), în timp ce Luxemburg sau Suedia aplică sancțiuni incomparabil mai mici închisoare de maxim 2 ani și/sau amendă.

Încălcarea altor prevederi legale (Legea 82/1991 a contabilității, republicată) cu regim asemănător sunt considerate și sancționate drept contravenții:

• deținerea, cu orice titlu, de bunuri materiale, titluri de valoare, numerar și alte drepturi și obligații, precum și efectuarea de operațiuni economice, fără să fie înregistrate în contabilitate; nerespectarea reglementărilor emise de Ministerul Economiei și Finanțelor cu privire la:utilizarea și ținerea registrelor de contabilitate; întocmirea și utilizarea documentelor justificative și contabile pentru toate operațiunile efectuate, înregistrarea în contabilitate a acestora în perioada la care se referă, păstrarea și arhivarea acestora, precum și reconstituirea documentelor pierdute, sustrase sau distruse; efectuarea inventarierii; întocmirea și auditarea situațiilor financiare anuale; depunerea la unitățile teritoriale ale Ministerului Economiei și Finanțelor a situatiilor financiare anuale; întocmirea și depunerea la unitățile teritoriale ale Ministerului Economiei și Finanțelor a situațiilor financiare periodice sau a raportărilor contabile stabilite potrivit Legii; nedepunerea declarației din care să rezulte că persoanele prevazute la art. 1 nu au desfășurat activitate; publicarea situațiilor financiare anuale, conform prevederilor legale.

• prezentarea de situații financiare care conțin date eronate sau necorelate, inclusiv cu privire la identificarea persoanei raportoare;

• nerespectarea prevederilor referitoare la întocmirea declarațiilor fiscale;

• nerespectarea prevederilor referitoare la obligația membrilor organelor de administrație, conducere și supraveghere de a întocmi și publica situațiile financiare anuale;

- nerespectarea prevederilor referitoare la obligaţia membrilor organelor de administraţie, conducere şi supraveghere ale societăţii-mamă de a întocmi şi publica situaţiile financiare anuale consolidate.

Amenzile aplicate se încadrează între un plafon minim de 100 lei şi maxim de 30.000 lei, în funcţie de contravenţia săvârşită, corelată cu nivelul cifrei de afaceri.

Acelaşi act normativ reglementează şi o formă specifică a infracţiunii de fals intelectual - efectuarea cu ştiinţă de înregistrari inexacte, precum şi omisiunea cu ştiinţă a înregistrarilor în contabilitate, avand drept consecinţă denaturarea veniturilor, cheltuielilor, rezultatelor financiare, precum şi a elementelor de activ si de pasiv ce se reflecta în bilanţ (art. 43).

Contravenţii vizând reglementările financiar-gestionare şi fiscale sunt stabilite şi prin O.G. 17/1993 privind stabilirea şi sancţionarea contravenţiilor la reglementările financiar-gestionare şi fiscale:

- nedepunerea în termen a declaraţiilor de impunere de către agenţii economici şi alţi contribuabili, la organele fiscale, pentru situaţiile când se prevede această obligaţie, precum şi nedeclararea, în vederea impunerii, a exercitării unei activităţi producatoare de venituri sau a tuturor veniturilor şi bunurilor supuse impozitelor şi taxelor, pentru cei aflaţi în evidenţa organelor fiscale;

- nerespectarea obiectului de activitate, a sediului şi a condiţiilor de desfăşurare a activităţii, menţionate în autorizaţia de funcţionare sau în statutul societăţii comerciale;

- neţinerea de către contribuabili, potrivit dispoziţiilor legale, a evidenţelor referitoare la veniturile realizate şi la impozitele şi taxele datorate sau înscrierea în acestea a unor date incomplete sau eronate şi neînregistrarea imprimatelor specifice la organele fiscale teritoriale;

- refuzul agenților economici și al persoanelor fizice de a comunica, la cererea organelor fiscale, datele, informațiile prevăzute de lege cu privire la respectarea obligațiilor legale privind impozitele și taxele sau comunicarea unor date și informații eronate;

- necalcularea în cuantumul legal, nereținerea sau nevărsarea în termen de către plătitorii veniturilor, pentru lucrari executate, mărfuri livrate, servicii prestate, a impozitului care, potrivit dispozițiilor legale, se realizează prin reținere și vărsare;

- eliberarea de acte sau prestări de servicii care, potrivit dispozițiilor legale, este supusă taxelor de timbru sau taxelor locale, fără ca acestea să fi fost în prealabil achitate, precum și admiterea de timbre care nu îndeplinesc condițiile de valabilitate;

- neînscrierea, de către angajații unității prestatoare de servicii taxabile în documentele justificative de plată a taxelor de timbru și a mențiunii de anexare a acestora la actul taxabil;

- împiedicarea efectuării controlului ce se exercită de către organele competente cu privire la aplicarea normelor legale care reglementează impozitele și taxele;

- afișajul sau folosirea mijloacelor de publicitate și reclamă, ocuparea locurilor publice pentru care se datorează taxe, fără plata impozitelor și taxelor legale;

- neefectuarea comunicării de către terții popriți dacă datorează vreo sumă de bani debitorilor, nereținerea și nevărsarea sumelor poprite în contul bugetului.

Cuantumul amenzilor este mult mai mic de acestă dată, fiind cuprinse între 10 lei și 200 lei.

Dacă identificarea unei infracțiuni conexe de evaziune fiscală conduce la depistarea săvârșirii unei fapte penale de evaziune fiscală propriu-zisă, activitatea anchetatorilor trebuie să meargă mai departe în sensul de a stabili dacă nu cumva fapta penală de evaziune fiscală stă la baza unei alte fapte penale, cum este cea a spălării de bani sau dacă nu produce și efecte extrateritoriale, având ramificații în alte state membre ale Uniunii Europene.

Distincția dintre răspunderea penală și cea contravențională în cazul încălcării obligației contribuabilului de a plăti taxe și impozite în România este dată de criterii calitative. Observăm că gradul de pericol social al faptelor reglementate de Legea contabilității sau de Ordonanța de Urgență a Guvernului privind stabilirea și sancționarea contravențiilor la reglementările financiar-gestionare și fiscale este mult diminuat raportat la prevederile Legii nr. 241/2005.

În alte state, criteriile de delimitare între fapte similare care atrag răspunderea contravențională și, respectiv, răspunderea penală, sunt atât cantitative, cât și calitative. În Argentina, de exemplu, dacă prejudiciul cauzat prin astfel de fapte este sub pragul de 300.000 dolari americani, răspunderea este contravențională, în timp ce depășirea pragului menționat atrage răspunderea penală. În Germania, diferența dintre cele două forme de răspundere este dată de forma de vinovăție cu care se săvârșește fapta. Dacă, se probează culpa, sunt întrunite condițiile pentru atragerea răspunderii contravenționale, sancțiunea fiind amenda contravențională, în timp ce aceeași faptă săvârșită cu intenție va antrena răspunderea penală și pe cale de consecință amendă penală sau pedeapsă privativă de libertate[118].

5.3. Combaterea evaziunii fiscale la nivelul U.E.

La nivelul Statelor Membre ale U.E. există o concepție unitară privind necesitatea incriminării faptelor de fraudă fiscală, dar nu și în privința gradului de pericol social și, implicit, a pedepselor aplicabile. Astfel, în Franța, articolul L64

---

[118] Meinzer Mahus, Unilateral measures against offshore tax evasion, Ed. Grin Verlag, 2008, p. 5.

din Cartea procedurilor fiscale sancționează abuzurile privind impozitele; în Germania, art. 6 din Codul fiscal statuează că nici un contribuabil nu poate evita impozitul și nici nu-l poate diminua prin abuz de drept; în Olanda maximul special al pedepsei privative de libertate nu depășește șase luni; în Luxemburg se face distincție între frauda simplă și frauda internațională, prima sancționată doar cu amendă, a doua cu înschisoare de maxim doi ani.[119]

5.3.1. Cronologia reglementărilor europene în domeniul evaziunii fiscale

Creșterea concentrării instituțiilor Comunității Economice Europene asupra evaziunii și fraudei fiscale internaționale a fost pentru prima dată exprimată în Rezoluția Consiliului Europei din 10 februarie 1975. Eforturile europene în combaterea evaziunii fiscale la nivel european s-au concretizează în anul 1977, când o directivă a Consiliului Uniunii Europene reglementează asistența reciprocă a statelor membre în materia impozitelor directe.

În anul 1980, Comitetul Afacerilor Fiscale al OECD (Committee on Fiscal Affairs) publica raportul "Frauda și evaziunea fiscală", prin care se evidențiau activitățile ce urmau a cădea sub acoperirea noțiunilor de evaziune fiscală și fraudă fiscală în statele membre, precum și măsurile legale și administrative ce se vor lua împotriva evaziunii și fraudei fiscale.

La 23 noiembrie 1984, Comisia a prezentat un memorandum asupra „acțiunii împotriva fraudei și evaziunii fiscale internaționale", document în care Comisia indică obiectul acțiunilor pe care Comunitatea trebuie să le întreprindă: ameliorarea, intensificarea, mărirea întinderii colaborării între administrațiile fiscale, atacarea problemei

---

[119] Hoanță Nicolaie, *op.cit.*, pp. 186-193.

ajutorului de stat dat refugiaţilor, problema transferurilor beneficiilor între societăţile aceluiaşi grup, eliminarea dublei impuneri.

În 1988, o convenţie comună a Consiliului Europei şi OECD, semnată la Strasbourg, reglementa asistenţa administrativă reciprocă în materie de impozitare.

Rolul autorităţilor europene în combaterea fraudelor împotriva intereselor financiare ale Comunităţii Europene a sporit o dată cu atribuirea acestora a responsabilităţii realizării bugetului comunitar. Acesta este de altfel unul din motivele ce au stat la baza constituirii, în anul 1999, a Oficiului de Luptă Anti-Fraudă (OLAF), care a primit responsabilitatea de a conduce investigaţiile administrative antifraudă şi, de asemenea, beneficiază de un statut independent special.

În vederea consolidării acţiunilor Comunităţii în acest domeniu, Comisia a propus, în cadrul Conferinţei Interguvernamentale de la Nisa din 2000, introducerea în tratatele Uniunii Europene a unei baze legale pentru adoptarea unui sistem de acte normative în materia urmăririi penale pentru cazurile de fraudă transnaţională, precum şi numirea unui procuror european care să coordoneze investigaţiile şi să conducă urmarirea penală în cazul infracţiunilor care privesc interesele financiare ale Comunităţii.

În anul 2002 a intrat în vigoare Convenţia privind protecţia intereselor financiare ale Comunităţilor Europene.

Un pas important pentru combaterea evaziunii fiscale în U.E. l-a reprezentat Directiva privind impozitarea economiilor din anul 2003 (în vigoare din 2005). Este o formă incipientă de cooperare în sensul unui schimb de informaţii eficient între autorităţile statelor membre U.E. cu privire la câştigurile depozitate într-un stat U.E. de către o persoană rezidentă în alt stat membru U.E. important este că şi-au asumat prevederile Directivei şi alte state, non-membre ale U.E. (Elveţia, Liechtenstein şi S.U.A.), neaderând la aceasta

Singapore (alt paradis fiscal din perspectiva secretului bancar), Hong Kong ș.a.

Totodată, U.E. a încheiat o serie de acorduri privind economiile, cu Elveția, Andorra, Monaco, Liechtenstein, San Marino.

Cele mai mari eforturi în domeniul prevenirii evaziunii fiscale la nivelul U.E. s-au concentrat pe integrarea sistemului TVA, pentru a lupta mai eficient împotriva evaziunii și sustragerii fiscale. În scopul de a întări cooperarea administrativă în sfera TVA, Comisia a propus restrângerea prevederilor celor două documente mai vechi, dar de bază (Regulamentul 218/92 și Directiva 799/77).

Comisia a stabilit astfel un singur cadru legal care prevede reguli clare și obligatorii care să guverneze cooperarea între Statele Membre. Cadrul legal anterior menționat prevede contacte directe între servicii specifice de asistență bilaterală și schimb de informație, eficientizând și sporind ritmul cooperării. Contextul cooperării facilitează un schimb mai rapid și mai intens de informație între administrații și între administrații și Comisie. În același scop, de combatere mai eficientă a fraudei și evaziunii fiscale, noul sistem stabilit de asistență bilaterală și schimb de informație asigură o funcționare corectă a sistemului de TVA.

În conformitate cu dispozițiile art. 1 al Directivei Consiliului nr. 77/799/CEE, autoritățile competente ale statelor membre fac schimb de orice fel de informații care să le permită să efectueze o evaluare corectă a impozitelor pe venit și a taxelor pe capital, prin acestea înțelegându-se toate impozitele pe venitul total, pe capitalul total, inclusiv impozitele pe profitul din vânzarea proprietăților mobile sau imobile, impozitele pe salariile plătite de companii, precum și taxele pe capital.

Reglementarea evaziunii fiscale la nivel european este încă la început, deși se întrevăd bazele unei acțiuni coordonate.

Dezbaterile privind evaziunea fiscală au fost inițiate în anul 2006 și s-au derulat cu greutate. Comunicarea Comisiei Europene privind nevoia de a dezvolta o strategie coordonată pentru a ameliora lupta împotriva fraudei fiscale[120], din mai 2006, este primul punct câștigat în reglementarea evaziunii fiscale. Dar, acest act vizează doar impozite și taxe indirecte (TVA, accize).

La sfârșitul anului 2012, o nouă Comunicare a Comisiei Europene către Parlamentul European și Consiliul Uniunii Europene reglementează un plan de acțiune pentru a întări lupta împotriva evaziunii fiscale, prin care sunt indicate măsuri pe termen scurt (în anul 2014): revizuirea legislației privind abuzul de poziție dominantă, promovarea unui mai bun transfer de informații în interiorul U.E., dar și la nivel internațional, instituirea unui cod fiscal european, pentru care Comisia Europeană va iniția consultările publice începând cu acest an, cooperarea dintre statele membre va fi concretizată și prin cooperarea dintre funcționarii din state membre diferite și participarea încrucișată a acestora în cadrul controalelor fiscale; pe termen mediu (în anul 2014): introducerea codului de identificare fiscală european, instituirea unei directive privind uniformizarea sancțiunilor penale și administrative pentru evaziunea fiscală; pe termen lung (ulterioare anului 2014): asigurarea accesului direct către bazele de date fiscale ale statelor membre, acțiuni de audit comune.[121]

---

[120] Comunicarea Comisiei Europene privind nevoia de a dezvolta o strategie coordonată pentru a ameliora lupta împotriva fraudei fiscale, disponibil la http://ec.europa.eu/taxation_customs/resources/documents/taxation/vat/control_anti-fraud/combating_tax_fraud/com(2006)254_en.pdf (accesta la 10.01.2013).

[121] Comunicarea Comisiei Europene către Parlamentul European și Consiliul Uniunii Europene privind planul de acțiune pentru a întări lupta împotriva evaziunii fiscale, disponibil la http://ec.europa.eu/taxation_customs/resources/documents/taxation/tax_fraud_evasion/com_2012_722_en.pdf (accesat la 14.01.2013).

Tot în anul 2012 a prins contur o propunere de directivă a Parlamentului European și a Consiliului privind combaterea fraudelor îndreptate împotriva intereselor financiare ale Uniunii Europene prin intermediul dreptului penal. Această propunere legislativă vine pe fondul creșterii continue a importanței bugetului U.E. și a ridicării factorului de risc privind eventuale fraude cu fondurile U.E. Fraudele implicând banii U.E. erau estimate la nivelul anului 2010 la aproximativ 600 milioane euro anual[122], fapt îngrijorător.

Un pas important în aceeași direcție îl reprezintă și intrarea în vigoare a Tratatului fiscal[123], începând cu 1 ianuarie 2013, o dată cu depunerea instrumentelor de ratificare a Tratatului de către Finlanda (condiția obligatorie fiind ca minim 12 state membre să fi ratificat Tratatul, condiție îndeplinită la 21 decembrie 2012). Respectarea prevederilor Tratatului (deficit structural anual care să nu depășească 0,5 % din P.I.B.) înseamnă și întărirea luptei împotriva evaziunii fiscale.

Analiza reglementărilor europene îndreptate împotriva fraudei fiscale evidențiază o linie directoare comună - asigurarea unui schimb automat de informații între statele membre, respectarea principiului transparenței. Pe aceeași direcție au fost reglementate și: Regulamentul privind cooperarea adminsitrativă în materie de TVA (în vigoare din anul 2012), Directiva privind cooperarea administrativă în domeniul impozitării directe (care va intra în vigoare în anul 2015).

Considerăm că un Cod al bunelor practici în materia combaterii evaziunii fiscale în Uniunea Europeană este necesar

---

[122] Propunere de directivă a Parlamentului European și a Consiliului privind combaterea fraudelor îndreptate împotriva intereselor financiare ale Uniunii Europene prin intermediul dreptului penal, disponibilă la http://ec.europa.eu/anti_fraud/documents/pif-report/pif_proposal_ro.pdf (accesat la 01.08.2013).
[123] Tratatul privind stabilitatea, coordonarea și guvernanța în cadrul Uniunii Economice și Monetare.

în domeniu, cu atât mai mult cu cât recunoașterea reciprocă a diplomelor este un principiu recunoscut în U.E.

5.3.2. Dimensiunea evaziunii fiscale în statele membre U.E.

Deși este responsabilitatea fiecărui stat membru de a combate evaziunea fiscală între granițele proprii, odată cu fenomenul de europenizare, evaziunea fiscală se desfășoară și dincolo de granițele naționale, fiind organizată la nivel european. În Uniunea Europeană, evaziunea firească atinge cote îngijorătoare, estimându-se că 1 trilion de euro se scurg anual în economia subterană prin fapte de evaziune fiscală. Aceasta înseamnă un cost de aproximtiv 2000 euro anual pe fiecare cetățean european – contribuabil, un pericol real pentru funcționalitate economiei europene și modelului social propus, deoarece aduce atingere interesului ca fiecare cetățean european să contribuie la bugetul statului a cărui reședință fiscală o are și, implicit la bugetul U.E.

Realitatea europeană este îngrijorătoare în ceea ce privește dimensiunea economiei subterane, aspect subliniat în documentele oficiale ale Uniunii Europene[124].

---

[124] Comisia Europeană, *Îmbunătățirea guvernanței fiscale în statele membre U.E.*, disponibil   la http://ec.europa.eu/economy_finance/publications/occasional_paper/2012/pdf/o cp114_en.pdf (accesat la 14.01.2013).

Tabel 2. Dimensiunea economiei subterane în Statele Membre U.E.

Nr. crt.	Stat Membru U.E.	Anul 2011 (% în P.I.B.)
1.	Austria	8%
2.	Belgia	17,1%
3.	Bulgaria	32,3%
4.	Cipru	26 %
5.	Cehia	16,4%
6.	Danemarca	13,8%
7.	Grecia	28,6%
8.	Finlanda	13,7%
9.	Franța	11%
10.	Germania	13,7%
11.	Ungaria	22,8%
12.	Italia	21,2 %
13.	Letonia	26,5%
14.	Lituania	29 %
15.	Irlanda	24,3 %
16.	Malta	25,8%
17.	Olanda	9,8%
18.	Polonia	25 %
19.	Portugalia	19,4%
20.	România	29,6%
21.	Slovacia	16%
22.	Slovenia	24,1%
23.	Estonia	19,2%
24.	Suedia	14,7%
25.	Marea Britanie	11%
26.	Spania	28,6%
27.	Luxemburg	8,2%

Sursa: Jensen J., Wohlbier F., „Improving tax governance in EU Member States" în „
Economia europeană", august 2012, p. 11, disponibil la
http://ec.europa.eu/economy_finance/publications/occasional_paper/2012/pdf/ocp11
4_en.pdf

Constatăm că toate statele membre U.E. se confruntă cu fenomenul de evaziune fiscală. Rata medie a evaziunii fiscale este de 15,2%, statele care cuosc acest fenomen în proporţii diminuate fiind Austria (8%), respectiv Luxemburg (8,2%). România, alături de Bulgaria se numără printre statele membre care stau cel mai rău în ceea ce priveşte combaterea fenomenului, cu rate îngrijorătoare de 32,3% din P.I.B., respectiv 29,6% din P.I.B. aceste cifre indică şi un comportament permisiv al autorităţilor faţă de fenomenul de evaziune fiscală. Practic, guvernele politice închid ochii la faptele de evaziune fiscală, cu scopul clar de a fi populare şi, pe cale de consecinţă, de a câştiga electorat.

6. EVAZIUNEA FISCALĂ INTERNAȚIONALĂ

6.1. Precizari prealabile

Evaziunea fiscală internațională este legată de ramificarea producției anumitor întreprinderi către țări cu legislații fiscale și sociale mai favorabile. Ea este facilitată și de existența zonelor libere, ce beneficiază de extrateritorialitatea vamală care scapă total sau parțial legislațiilor naționale, de procesul de globalizare, de instituirea libertății de mișcare a persoanelor și a capitalurilor, de expansiunea continuă a relațiilor economice internaționale, de diferențe dintre diversele sisteme fiscale ale statelor, de creșterea gradului de sofisticare a mijloacelor de evadare din calea impozitelor și taxelor, pe măsura pregătirii celor care îi consiliază pe agenții economici sau pe persoanele fizice avute din punct de vedere legal și contabil.

Studierea fenomenului de evaziune fiscală internațională evidențiază o practică în sensul înființării de entități fictive, al căror scop este de a realiza mari sume de bani prin fraudă. Acestea realizează prin manevre disimulatoare și abilități operaționale, importante profituri, producând în același timp mari pierderi partenerilor de tranzacții care nu sunt suficient de prudenți.

Recurgerea la evaziunea fiscală internațională își găsește explicația atât în jocul adesea pervers al dublei impuneri, datorită autonomiei regimurilor fiscale naționale, cât și presiunilor fiscale rezultate de aici. „Pentru a evita sa fie supus la două impozitări distincte, contribuabilul se refugiază în zone protejate din punct de vedere fiscal. Tehnicile sunt numeroase și pe măsura imaginației contribuabilului"[125].

---

[125] J., Baptiste Geffroy. *Traite du Droit Fiscal*, Editura Presses Universitaires De France p. 577.

Lupta împotriva evaziunii fiscale internaţionale s-a intensificat la nivel internaţional. Grupul G 20, G8, U.E. şi O.E.C.D. şi-au asumat angajamentul în sensul cooperării şi al controlului în lupta împotriva evaziunii fiscale.

Cele mai întâlnite modalităţi de sustragere din faţa impozitelor, la nivel internaţional, sunt abstinenţa şi disimularea.

Abstinenţa este reprezentată de abţinerea contribuabilului de a mai produce, de a mai munci, datorită presiunii fiscale ridicate şi îndreptarea acestuia către ţări cu o fiscalitate mai redusă. Aceasta poate fi asimilată fenomenului de economisire de impozite. Un exemplu în acest sens este acela al agentului economic care, în mod deliberat, îşi reduce activitatea pentru a evita obţinerea unor venituri mari care vor fi, până la urmă, absorbite de impozite şi taxe. Aşadar, economisirea de impozite reprezintă reducerea creanţei fiscale prin mijloace pe care legiuitorul nu a intenţionat să le reglementeze şi să le incrimineze.

Disimularea materiei impozabile presupune nedeclararea veniturilor câştigate în străinătate sau a averii situate acolo, contribuabilul dând informaţii inexacte fiscului despre tot ceea ce trece în afara frontierelor naţionale.

Instrumentele de realizare a evaziunii fiscale internaţionale se rezumă, în special, la tipuri de societăţi instalate în ţările de refugiu: holding-urile, societăţile de bază şi societăţile fictive.

Aceste societăţi sunt caracterizate de faptul că sunt constituite pe teritorii restrânse, situate în general într-o zonă cu monedă puternică, stabilă politic, dotată cu o reţea densă de instituţii bancare, cu protecţie puternică a secretului bancar şi al afacerilor, beneficiind de absenţa sau nivelul redus al impozitelor şi beneficiilor, refuzând cooperarea cu fiscurile străine şi constituind astfel adevărate paradisuri fiscale.

La nivel internațional, eforturile de combatere a evaziunii fiscale îmbracă forma cooperării. Una dintre cele mai uzuale forme de combatere a evaziunii fiscale internaționale îmbrăcă forma unor coduri. Din păcate, toate aceste coduri reprezintă doar un *summum* de bune intenții, fiind mai degrabă aspiraționale, decât operaționale.

O propunere din 2007 vizează elaborarea unui astfel de Cod, sub egida Națiunilor Unite[126], care vizează cooperarea în combaterea evaziunii fiscale internaționale. Obiectivele urmărite sunt: asistență în dezvoltarea normelor internaționale, aplicabile tuturor națiunilor în prevenirea săvârșirii faptelor de evaziune fiscală; identificraea formelor de evaziune fiscală agresivă, care se diferențiază de fomele comune de evaziune fiscală; să scorde suportul necesar societății civile pentru a preveni evaziunea fiscală internațională.

Tot mai mult teren câștigă Convenția Multilaterală O.C.D.E. privind Asistența Administrativă Mutuală în domeniul Fiscal. Deschisă ratificării încă din anul 1988, Convenția a fost semnată de 50 de state. Schimbul de informații în domeniul fiscal se realizează la cerere sau automat, fiind posibile activități de audit comune și examinări ale diverselor taxe și impozite (impozitul pe venit, impozitul pe profit, taxe locale, contribuții de asigurări sociale etc.) semnatarele actuale ale Convenției sunt: Albania, Argentina, Australia, Austria, Belgia, Belize, Brazilia, Canada, Columbia, Costa Rica, Cehia, Danemarca, Estonia, Finlanda, Franța, Georgia, Germania, Ghana, Grecia, Guatemala, Islanda, India, Indonezia, Irlanda, Italia, Japonia, Coreea, Letonia, Lituania, Luxemburg, Malta, Mexic, Moldova, Moroc, Olanda, Noua Zeelandă, Nigeria, Norvegia, Polonia, Portugalia, România,

---

[126] M., McIntyre. *United Nations Code of Conduct of Cooperation in Combating International Tax Evasion*, Wayne State University Law School – Legal Studies Research Paper Seriesno. 08-12/2008, disponibil la http://papers.ssrn.com/sol3/papers.cfm?abstract_id=1118805 (accesat la 04.09.2013).

Federaţia Rusă, Arabia Saudită, Singapore, Slovenia, Africa de Sud, Spania, Suedia, Tunisia, Turcia, Ucraina, Marea Britanie and S.U.A.

Pentru combaterea evaziunii fiscale, la nivel concret, pe plan internaţional au fost adoptate o serie de măsuri: taxarea chiar în momentul producerii venitului; impozitarea câştigurilor obţinute în străinătate, nerealizate pe cale juridică; refuzul de a admite accesul la instanţele de judecată străine considerate dubioase; măsuri anti-paradis pe calea contractului schimbului valutar; folosirea teoriei abuzului de drept; măsuri antiparadis pe calea cetăţeniei contribuabilului; sancţiuni neorganizate; acorduri internaţionale pentru evitarea dublei impuneri şi pentru combaterea evaziunii fiscale.

În acest sens, România a încheiat cu mai multe ţări convenţii bilaterale în vederea evitării dublei impuneri şi combaterii evaziunii fiscale, în materie de impozit pe venit şi avere (cu titlu de exemplu: Convenţia încheiată de România cu Olanda la 27 martie 1975, Egipt 1979).

Evaziunea fiscală internaţională este pusă în pericol real de o reglementare nouă – Acordul de îndeplinire a obligaţiilor fiscale privind conturile deschise în străinătate de cetăţenii americani (FATCA).

6.2. FATCA – pas în lupta împotriva evaziunii fiscale internaţionale

FATCA este legată de prevenirea şi combaterea a ceea ce este considerat a fi concurenţă neloială prin crearea de capitaluri private într-un stat, depozitate ulterior în afara statului de provenienţă. Chiar obţinuţi în mod legal, se consideră că aceşti bani sunt o sursă a răului pentru economia unde au fost produşi, deoarece ei nu reintră în circuitul de producţie al statului de provenienţă, ci sunt externalizaţi. Pentru a avea o evidenţă a acestora, S.U.A. a identificat o cale necesară din acest punct de vedere – FATCA.

Acordul de îndeplinire a obligațiilor fiscale privind conturile deschise în străinătate de cetățenii americani pune bazele unei veritabile reforme fiscale.

Reglementarea FATCA trebuie înțeleasă în contextul celor două mediatizate cazuri de anvergură din anul 2008[127], dar și al dimensiunii extraordinare a evaziunii fiscale.

Dacă primul caz amintit a vizat evaziunea fiscală prin intermediul conturilor deținute la LGT Bank din Liechtenstein de către cetățenii germani, dar și de alți cetățeni europeni; al doilea, a pus pe poziții adverse Statele Unite ale Americii și Banca Elevețiană, S.U.A. acuzând banca elvețiană de conspirație ca urmare a fraudării S.U.A. prin ajutorul dat rezidenților americani în ascunderea proprietății lor asupra unor sume importante de bani, depozitate în conturi offshore în băncile elvețiene.

În ceea ce privește dimensiunea evaziunii fiscale americane, Senatul S.U.A, estimează că 100 miliarde dolari pierde bugetul de stat federal prin fapte de evaziune fiscală[128].

Reglementare de proveniență americană, cu incidență largă - deoarece vizează sistemul financiar în integralitatea sa - FATCA (*Foreign Account Tax Compliance Act*) este cheia de boltă a administrației Obama în lupta împotriva evaziunii fiscale practicată prin deschiderea conturilor în afara teritoriului statului american, fiind totodată un moment revoluționar pentru sistemul finaciar internațional. Grupul țintă al acestei reglementări îl reprezintă persoanele fizice și/sau juridice (în sensul în care majoritatea acționarilor/asociaților au cetățenie sau naționalitate americană) considerate avute, de cetățenie sau naționalitate americană, după caz, care își păstrează economiile

---

[127] I., B., Grinberg. *FATCA: an evolutionary moment for the international tax system*, p. 7, disponibil la http://papers.ssrn.com/sol3/papers.cfm?abstract_id=1996752 (accesat la 25.01.2013).

[128] O.E.C.D. - Centre for tax policy, "Fighting tax evasion", disponibil la http://www.oecd.org/ctp/fightingtaxevasion.htm (accesat la 02.09.2013).

în conturi din afara S.U.A. Din prevederile FATCA, rezultă că sunt considerate persoane avute acelea care au deschise conturi în afara S.U.A. și care depășesc pragul limită de 50.000 $.

FATCA prevede obligația de raportare și un sistem de impozitare cu reținere la sursă în cotă de 30% din valoarea tuturor plăților din S.U.A. pentru instituțiile financiare străine care refuză să dezvăluie identitatea clienților proprii care au reședința fiscală în S.U.A. Regimul de impozitare poate fi evitat numai cu condiția ca aceste instituții financiare să încheie acorduri cu S.U.A., conform cărora să procedeze la identificarea clienților persoane fizice ori juridice americani, raportând cu privire la aceștia. Raportarea vizează atât clienții noi, cât și pe cei preexistenți.

Deoarece FATCA s-a lovit de opoziția altor state, motivat de faptul că divulgarea de date financiare privind clienții instituțiilor financiare intră în contradicție cu obligația de păstrarea a confidențialității datelor privind clienții lor, S.U.A. a soluționat această problemă prin reglementarea a două tipuri de acorduri bilaterale guvernamentale, ale căror modele au fost deja publicate. Adică primul model publicat permite guvernelor statelor care intră în acord cu FATCA să se substituie propriilor instituții financiare, care au obligația de raportare față de guvernele naționale, acestea urmând a raporta autorităților fiscale americane; al doilea model stabilește un acord al statului străin de a solicita propriilor instituții financiare să colaboreze cu autoritațile fiscale americane. O statistică realizată în acest sens constată preferința către primul model menționat[129].

La 12 septembrie 2012 a fost încheiat acordul necesar dintre S.U.A. și Marea Britanie, discuții fiind purtate cu alte cincizeci de state. Procesul se află în stadii finale în state ca:

---

[129] Christians Allison, *What you give and what you get: reciprocity under a Model 1 Intergovernmental Agreement on FATCA*, disponibil la http://papers.ssrn.com/sol3/papers.cfm?abstract_id=2292645 (accesat la 11.09.2013).

Franța, Germania, Italia, Spania, Japonia, Elveția, Canada, Danemarca, Finlanda, Guernsey, Irlanda, Isle of Man, Jersey, Mexic, Olanda și Norvegia, la care se adaugă Argentina, Australia, Belgia, Insulele Cayman, Cipru, Estonia, Ungaria, Israel, Coreea, Liechtenstein, Malaysia, Malta, Noua Zeelandă, Slovacia, Singapore și Suedia. Între statele care și-au exprimat opțiunea de semnare se află și România, alături de Bermuda, Brazilia, Insulele Virgine Britanice, Chile, Cehia, Gibraltar, India, Liban, Luxemburg, Rusia, Seychelles, Saint Maarten, Slovenia și Africa de Sud.

În acest sens, în luna august a anului 2013 a fost lansat portalul FATCA destinat înregistrării instituțiilor financiare care au obligația de a face raportări conform actului menționat, inclusiv a instituțiilor financiare din statul care încheie acorduri interguvernamentale cu autoritățile fiscale din S.U.A. conform FATCA. Crearea contului on-line este condiționată și de desemnarea unor persoane care să fie autorizate de instituția financiară respectivă să facă raportările. Definitivarea datelor inserate pe portalul FATCA se va face până la 1 ianuarie 2014. Înregistrarea înseamnă primirea după data menționată a unui număr de identificare

Prevederile Actului de îndeplinire a obligațiilor fiscale cu privire la conturile străine ale cetățenilor din S.U.A., astfel cum a fost modificat, stabilesc două termene pentru reținerea la sursă în cotă de 30% pentru veniturile obinute din S.U.A: 1 ianuarie 2014 – pentru veniturile din dividende și din dobânzi obținute de instituțiile financiare străine neparticipante, respectiv care nu încheie acordul de furnizare informații cu Trezoreria și Autoritățile Fiscale din S.U.A., și 1 ianuarie 2015 pentru celelalte tipuri de plăți.

Prin FATCA se dorește crearea unei colaborări mult mai bune între instituțiile financiare la nivel global. Sunt implicate atât economiile dezvoltate, cât și economiile emergente. Deși anunțată ca un eveniment special, intrarea în vigoare a regelementărilor FATCA la 1 ianuarie 2014, a fost amanată cu șase luni, cel puțin pâna la 1 iulie 2014.

Având în vedere criza economică globală care persistă încă, faptul că bugetele naționale sunt supuse în continuare unei puternice presiuni, angajamentele semnate în sensul respectării noii reglementări globale privind taxele, există suficiente semnale că FATCA va fi pusă în aplicare la nivel internațional.

Analiza FATCA evidențiază obiectivul principal urmărit în mod consecvent de încă prima putere a lumii, S.U.A.: erodarea secretului bancar, alături de asigurarea unei transparențe fiscale fără precedent. Încercarea americanilor de a explica efectele pozitive ale FATCA merg până la a explica secretul bancar ca unul dintre cele mai mari rele mondiale, considerându-l o încălcare a drepturilor universale ale omului[130]. Astfel, pornind de la faptul că prevederile Convenției Națiunilor Unite privind drepturile economice, sociale și culturale recunosc și garantează dreptul la condiții de trai adecvate – mâncare, îmbrăcăminte și locuință (art. 11), dreptul la sisteme de asigurare a sănătății, la apă potabilă (art. 12) și dreptul la educație (art. 13) – secretul bancar (neprevăzut în nici un tratat sau convenție internațională privind drepturile omului) și evaziunea fiscală intră în conflict cu drepturile omului atunci când, din cauza acestora, guvernele statelor sunt în imposibilitate de a face față cerințelor și drepturilor economice minimaliste.

---

[130] S., Cohen. *Does Swiss bank secrecy violate international human rights?*, 2013, p.4, disponibil la http://papers.ssrn.com/sol3/papers.cfm?abstract_id=2297020 (accesat la 04.09.2013).

7. ORGANIZAȚII CU ATRIBUȚII ÎN DEPISTAREA FAPTELOR DE EVAZIUNE FISCALĂ LA NIVEL EUROPEAN ȘI LA NIVEL NAȚIONAL

7.1. Oficiul European de Luptă Antifraudă

1. Din punct de vedere instituțional, o reușită a luptei anti-fraudă fiscală este Oficiul European de Luptă Antifraudă, cunoscut sub denumirea OLAF (acronimul din limba franceză – Office de Lutte Anti-Fraude). Acesta nu este nici vreun serviciu secret de informații și nici un departament polițienesc, ci este instrumentul legal prin care sunt protejate interesele Uniunii Europene, în conformitate cu legislația împotriva crimei organizate și a fraudelor fiscale[131].

Constituit în anul 1999 prin Decizia nr. 352 din 28 aprilie a Comisiei Euratom, având la bază art. 325 din Tratatul privind funcționarea U.E. (fostul art. 280 din Tratatul C.E.), OLAF a avut ca predecesor Oficiul pentru coordonarea activității de prevenire a fraudelor, creat în anul 1988 ca parte integrantă a Secretariatului General al Comisiei Europene. Deși are statutul de organism independent în îndeplinirea funcției de investigare a fraudelor, OLAF este parte a Comisiei Europene și are responsabilități majore în îndeplinirea funcției bugetare a Comisiei.

OLAF are ca scop pricipal combaterea fraudelor fiscale, alăturat combaterii fenomenului de corupție, în vederea protejării intereselor financiare ale Uniunii Europene, beneficiind în acest sens de sprijinul poliției și al autorităților judiciare, având ca principală funcție activitatea de investigare.

---

[131] Anderson Malcolm, Apap Joana, *Striking a balance between Freedom, Security and Justice in an Enlarged European Union*, Ed. Sitra, Centre for European Policy Study, Bruxelles, 2002, p. 61.

Cu sediul la Bruxelles, OLAF numără în prezent 400 de angajați, fiind parte a Comisiei. Totuși, în exercitarea activității sale de investigare, OLAF se caracterizează prin independență deplină în îndeplinirea atribuțiilor sale neputând primi instrucțiuni de la Comisie, guvern sau de la orice altă instituție ori alt organism. Investigațiile desfășutate de OLAF pot fi externe (prin efectuare de inspecții și verificări la fața locului în statele membre) ori interne (ce îmbracă forma investigațiilor administrative în cadrul instituțiilor organismelor, oficiilor și agențiilor).

Din punct de vedere organizatoric, OLAF este constituit din trei directorate: directoratul A – politică, legislație și afaceri legele; directoratul B – investigații și activități operaționale și directoratul C – serviciul de informații, inteligență și strategie operațională.

OLAF este condus de către un director, numit pentru un mandat de 5 ani, de către Comisia Uniunii Europene, în urma consultării cu Pralamentul European și cu Consiliul Uniunii. Mandatul poate fi reînnoit o singură dată, pentru o perioadă de timp egală. Directorul raportează periodic Parlamentului European, Consiliului European, Comisiei și Curții de Conturi despre investigațiile desfășurate.

Monitorizarea modului în care își îndeplinește funcția de investigare este realizată de către Comitetul de Supraveghere, alcătuit din cinci membri, persoane externe, calificate și independente, care își exercită atribuțiile în cadrul unui mandat de trei ani ce poate fi reînnoit o singură dată și care nu au nici un fel de legături cu alte instituții europene. Acest comitet monitorizează toate activitățile OLAF și își exprimă opinia în orice chestiune, la solicitarea directorului general sau din proprie inițiativă.

În situația în care directorul general are suspiciuni legate de eventuala influență a Comisiei Europene asupra activității OLAF acesta are dreptul de a sesiza Curtea Europeană de Justiție.

Cu titlu de exemplu, analiza Raportului OLAF aferent anului 2011, evidențiază existența a 1046 sesizări, din care 408 s-au transformat în investigații. În acest sens, OLAF a avut la dispoziția un buget în cuantum de 23,5 milioane de euro[132].Cele mai multe dintre sesizări vizează o utilizare neconformă prevederilor legale a fondurilor structurale.

Sesizările privind eventuale cazuri de fraudă sunt realizate deîndată de către instituțiile, organismele, oficiile, agențiile ori de către statele membre U.E.

Investigațiile se desfășoară sub conducerea directorului OLAF, angajații îndeplinind sarcinile care le revin pe baza unei autorizații scrise exprese, având obligația de a păstra confidențialitatea informațiilor obținute. Investigațiile se realizează în mod neîntrerupt, conform complexității fiecărui caz în parte.

Subiecții investigați sunt informați în prealabil de drepturile garantate, respectiv de a nu se autoincrimina, de a fi asistat de un apărător pe perioada derulării procedurii de investigare, precum și de a folosi oricare dintre limbile oficiale U.E.

Investigațiile se finalizează prin întocmirea unui raport care precizează faptele constatate, prejudiciul financiar, concluzii și recomandări privind măsurile care se impun. Respectând cerințele procedurale ale statului membru în cauză, rapoartele întocmite constituie mijloace de probă în procedura administrativă ori judiciară care urmează.

În îndeplinirea atribuțiilor sale, OLAF respectă prevederile Regulamentului CEE nr. 1073/1999, Regulamentului EURATOM nr. 1074/1999, precum și

---

[132] The OLAF Report 2011, p. 5, disponibil la http://ec.europa.eu/anti_fraud/documents/reports-olaf/2011/olaf_report_2011_en.pdf (accesat la 10.01.2013).

Acordului Interinstituţional din 25 mai 1999 între Parlamentul European, Consiliul Uniunii Europene şi Comisia Comunităţilor Europene privind investigaţiile interne desfăşurate de Oficiul European de Luptă Antifraudă[133].

La data de 3 iulie 2013, Parlamentul European a adoptat propunerea unui nou regulament, care pune bazele reformării OLAF, de natură a spori garanţiile procedurale ale persoanelor care sunt subiecte ale investigaţiilor OLAF. Directorul OLAF va avea un mandat care nu va mai putea fi reînnoit, pentru o perioadă de şapte ani.

În ceea ce priveşte activitatea OLAF, Raportul din anul 2012 [134] evidenţiază 718 cazuri deschise în anul 2012 şi 465 cazuri finalizate în acelaşi an, remarcând o creştere continuă a numărul de cazuri deschise, respectiv închise în decursul anilor 2008-2012, după cum rezultă din tabelul de mai jos.

Tabel nr. 3 Rata deschiderii şi soluţionării cazurilor investigate de OLAF

Cazuri	2008	2009	2010	2011	2012
Deschise	204	220	225	178	718
Închise	187	188	189	208	465

Sursa: Raportul OLAF pentru 2012
disponibil la http://ec.europa.eu/anti_fraud/documents/reports-olaf/2012/olaf_report_2012_en.pdf

Durata de soluţionare a unui caz este de cuprinsă între o lună şi şase luni.

---

[133] Regulamentul CEE nr. 1073/1999 al Parlamentului European şi al Consiliului privind investigaţiile efectuate de Oficiul European de Luptă Antifraudă, disponibil la http://eur-lex.europa.eu/LexUriServ/LexUriServ .do?uri=DD:01:02:31999R1073:RO:PDF (accesat la 10.01.2013).
[134] Raportul OLAF pentru anul 2012, disponibil la http://ec.europa.eu/anti_fraud/documents/reports-olaf/2012/olaf_report_ 2012_en.pdf (accesat la 19.08.2013).

Importantă este și cooperarea OLAF cu departamentele similare din Statele Membre, schimbul de informații și de idei având loc în cadrul unui comitet consultativ pentru coordonarea luptei antifraudă, cunoscut sub denumirea prescurtată de CoCoLaf[135]. CoCoLaf a fost constituit prin Decizia nr. 140/1994 de constituire a Comitetului consultativ de prevenire a fraudei, modificată prin Decizia nr. 223/2005.

CoCoLaf poate fi consultat de către Comisia Europeană în orice chestiune privind prevenirea și reprimarea fraudei, dar și a oricăror altor activități ilegale care aduc atingere intereselor financiare ale U.E, fiind convocat de acesta. Comisia Europeană formulează în acest sens o cerere de aviz, cu precizarea termenului în care Comitetul să își dea avizul.

Comitetul este compus din câte doi reprezentanți ai fiecărui stat membru, asistența acestora putând fi asigurată de către doi reprezentanți ai autorităților naționale competente.

Președinția CoCoLaf este asigurată de un reprezentant al Comisiei Europene. Tot Comisia Euroepeană asigură secretariatul Comitetului.

Pentru a asigura desfășurarea oportună a activității sale, Comitetul poate organiza grupuri de lucru. În același sens, Comitetul poate invita să participe experți la ședințele sale de lucru, în raport de ordinea de zi. Aceștia au drept de a delibera numai în problema pentru care au fost invitați.

CoCoLaf este organizat pe trei subgrupuri de lucru: Grupul de lucru pentru implementarea art. 325 din Tratatul privind funcționarea U.E.; Grupul de lucru Nereguli și asistență mutuală – produse agricole și Grupul de Analiză de risc privind frauda și neregulile.

---

[135] Sabathil Gerard, The European Comission: an essential guide to the institution, the procedures and the policies, Ed. Kogan Page, Londra, 2008, p. 235.

Totodată, în cadrul CoCoLaf îşi desfăşoară activitatea şi grupurile de lucru care urmăresc protecţia monedei euro, respectiv Grupul Experţilor în Contrafacerea Monedelor (Counterfeit Coin Experts Group – CCEG) şi Grupul Experţilor în Contrafacerea EURO (Euro Counterfeiting Experts Group – ECEG).

Punctul de vedere al reprezentanţilor statelor membre va fi consemnat în scris, în proces-verbal.

Totodată, remarcăm cooperarea OLAF cu alte agenţii: colaborarea cu EUROPOL-ul vizează în special activităţile de contrafacere a monedei euro, fraudele vamale, contrabanda cu mărfuri nelegale.

Practic, OLAF-ul are un rol important în arhitectura strategică de securitate internă a U.E. Constatăm că OLAF nu are atribuţii în sensul de a aplica sancţiuni, acest Oficiu fiind dependent de statele membre şi de instituţiile U.E., în sensul în care acestea îi respectă recomandările. Astfel, dacă OLAF constată că fondurile europene au fost sustrase, va dispune recuperarea sumelor, dacă se constată şi indiciile existenţei unei infracţiuni, va solicita începerea urmăririi penale, dacă neregulile privesc pe funcţionarii europeni, va recomanda luarea de măsuri disciplinare ş.a.m.d. Din această perspectivă, constatând rolul pur administrativ al Oficiului, considerăm că se impune o ameliorare a prevederilor legislative în vigoare, astfel încât OLAF să depăşească stadiul de organism care are mai degrabă o activitate administrativă şi de cercetare, decât de constrângere şi de sancţionare a faptelor de fraudă fiscală.

Indubitabil, know-how-ul constituit de OLAF are importanţă în conturarea şi dezvoltarea strategiei europene antifraudă, motiv pentru care se vorbeşte despre un „actor inteligent"[136] în U.E. O analiză a investigaţiilor desfăşurate de

---

[136] Policy Studies, Centre for European, EU Home Affairs Agencies and the Construction of EU Internal Security (December 21, 2012) în "CEPS Papers in Liberty and Security in Europe", p. 23, disponibil la

către OLAF subliniază vulnerabilitățile implementării și administrării fondurilor europene. În acest sens, OLAF elaborează un „compendium" al cazurilor de fraudă fiscală investigate și realizează o statistică a tehnicilor folosite de cei care săvârșesc fraude fiscale cu astfel de fonduri[137], pe care îl pune la dispoziția Comisiei Europene, diverselor agenții europene cu care colaborează și nu în ultimul rând autorităților statelor membre. Un întreg departament al OLAF este destinat activității importante de cercetare-dezvoltare în cadrul Centrului European Tehnic și Științific, fiind orientat pe activități de ordin practic, importante în constatarea fraudelor fiscale. Dezvoltarea programului Hercule II (cu un buget de 14,3 milioane euro la nivelul anului 2012) vizează cofinanțarea de studii și cercetări academice având ca temă protecția intereselor financiare ale U.E., finanțând totodată și studii de drept comparat pe o astfel de tematică[138].

În deplină concordanță cu prevederile Tratatului de la Lisabona (art. 86), Comisia Europeană a propus înființarea unui Parchet European, având în competența sa materială faptele penale care au ca obiect material fondurile europene. Proiectul legislativ privind înființarea Parchetului European este responsabilitatea OLAF și a Directoratului General pentru Justiție. Parchetul European va desfășura urmărirea penală și fi în drept a trimite în judecată pe inculpații vinovați de fraude vizând fondurile europene în instanțele statelor membre U.E. Parchetul European nu va dubla competența materială a OLAF, ci va acționa strict pe sectorul fraudelor cu fonduri U.E. Excepție de la participarea la înființarea Parchetului European fac trei state membre U.E.: Danemarca, Marea Britanie și Irlanda.

---

http://papers.ssrn.com/sol3/papers.cfm?abstract_id=2198795 (accesat la 10.01.2013).
[137] *Ibidem*, p. 124.
[138] *Ibidem*, p. 125.

2. În România, *Departamentul de Luptă Antifraudă (DLAF)*, reglementat conform Legii nr. 61/2011 privind organizarea și funcționare Departamentului pentru Lupta Antifraudă, este instituția de contact cu OLAF. Reglementarea a fost modificată prin Legea nr. 38/2013 pentru aprobarea O.U.G. nr. 2/2010 privind unele măsuri pentru organizarea și funcționarea aparatului de lucru al Guvernului și pentru modificarea unor acte normative.

Constituirea DLAF este legată însă de O.U.G. nr. 149/2005 și de Decizia Primului-Ministru nr. 205/2007 privind organizarea și funcționarea Departamentului pentru Lupta Antifraudă.

DLAF este organizat ca structură cu personalitate juridică, aflat în cadrul aparatului de lucru al Guvernului, în coordonarea primului-ministru, finanțarea fiind asigurată prin bugetul de stat, prin bugetul Secretariatului general al Guvernului.

DLAF este condus de un șef cu rang de secretar de stat, numit prin decizia primului-ministru, pentru o perioadă de cinci ani (art. 4), fiind independent în îndeplinirea funcțiilor sale. Personalul DLAF este reprezentat de funcționari publici cu statut special și din personal contractual (art. 20).

Din punct de vedere organizatoric, DLAF este constituit din trei direcții: direcția afaceri juridice, direcția control și direcția managementul informațiilor.

DLAF îndeplinește patru funcții: funcția de reprezentare în materia protecției intereselor financiare ale U.E., funcție de coordonare a luptei antifraudă; funcția de control și funcția de reglementare, toate acestea în legătură directă cu protecția intereselor financiare ale Uniunii Europene în România, din acest punct de vedere DLAF având calitatea de organ de constatare, conform Codului de procedură penală (art. 214). Pentru punerea în practică a funcției de control,

DLAF are dreptul de a realiza investigații administrative, controale la fața locului, analize și verificări de documente.

În anul 2011 au fost înregistrate pe rolul DLAF 645 de sesizări, din partea autorităților naționale, OLAF, dintre care au fost soluționate 602 sesizări astfel: în cazul a 225 au fost efectuate controale preliminare, 151 au fost redirecționate către alte instituții, iar în alte 226 au fost luate măsuri administrative. Acțiunile de contro au vizat fondurile europene: PHARE, ISPA, SAPARD, POSDRU, FEADR ș.a. valoarea totală a impactului financiar estimat în cazul neregulilor și a posibilelor fraude este de 28.883.658, 88 euro[139].

Acțiunile de control au vizat toate fondurile europene. O statistică a numărului de acțiuni de control probează că cele mai mari fraude au avut ca obiect fondul POSDRU (Dezvoltarea resurselor umane) – 63 cazuri, urmat de SAPARD cu 55 de cazuri și de FEADR cu 50 de cazuri.

Raportul de activitate al DLAF pentru anul 2012 constată o creștere a activității DLAF, numărul acțiunilor de control dublându-se față de media anilor 2010 și 2011. La nivelul aceluiași an, actele de control ale DLAF au fost utilizate ca mijloace de probă, procurorii Direcției Naționale anticorupție întocmind nu mai puțin de 23 rechizitorii prin care au fost trimiși în judecată 56 inculpați.

Persoanele implicate în fraudarea fondurilor europene lucrează în administrația publică (primari din mediul rural (7), consilieri locali (3), viceprimari din mediul rural (2), președinte al consiliului județean (1), secretar al consiliului local din mediul rural (1), funcționari ai aparatului administrației locale din mediul rural, director penitenciar (2), rector (1), inspector școlar general județean (1), inspector școlar (1), angajați ai Universității de Medicină, inspector Inspectoratul de Stat

---

[139] DLAF – Raport annual de activitate 2011, p. 25, disponibil la http://www.antifrauda.gov.ro/docs/ro/raport_dlaf/DLAF_Raport%20activitate% 202011_ro.pdf (accesat la 15.01.2013).

Județean în Construcții (1), șef al Centrului local APIA (1), funcționari ai Centrului local APIA, specialist Biroul Regional pentru Cooperare Transfrontalieră (1), funcționar al administrației finanțelor publice (1)[140].

Unul dintre cazurile mediatizate ale DLAF a fost cazul Cordun. Obiectivul principal al proiectului finanțat prin fonduri europene cu suma de 1.000.000 euro nerambursabili a fost construirea a două drumuri. Ca urmare a acțiunilor de control ale DLAF s-au constatat o serie de nereguli ca: oferte incomplete sau nelegale, dar și desemnarea de câștigători ai licitației care nu îndeplineau condiții de ilegalitate. Și în faza de execuție a contractului au fost constatate nereguli: utilizarea de către constructor de materiale de contrucție diferite calitativ față de cele contractate. Nota de control a fost trimisă de DLAF către DNA la data de 20.10.2005, trimiterea în judecată fiind dispusă la 16.12.2011, cu privire la doi inculpați. Aceștia au fost condamnați de Curtea de Apel București la pedeapsa închisorii în cuantum de patru ani cu suspendare sub supraveghere, precum și obligarea acestora în solidar la plata despăgubirilor în cuantum de1.250.949 lei către Agenția de Plăți pentru Dezvoltare Rurală și Pescuit[141].

7.2. Direcția Generală Antifraudă Fiscală

Sfârșitul lunii septembrie a anului 2013 a adus o modificare consistentă a prevederilor referitoare la una dintre instituțiile naționale cu atribuții in domeniul controlului având ca obiect prevenirea, descoperirea și combaterea fraudei și evaziunii fiscale, respectiv Garda Financiara. Prin O.U.G. nr. 74 din 2013, publicată în Monitorul Oficial nr. 389 din

---

[140] *Ibidem*, p. 28.
[141] Proiect SAPARD, „Modernizare drum comunal DC 51 Simionești – Pildești și drum comunal Cordun E-85", beneficiar Consiliul Local Cordun, jud. Neamț, disponibil la http://www.antifrauda.gov.ro/documente/ Dosar%2046.pdf (accesat la 21.08.2013).

29.06.2013 – cu aplicabilitate după trecerea unui termen de 90 de zile, conceput special pentru a lăsa timpul necesar autorităților publice pentru punerea în practică a noilor dispoziții legale - Garda Financiară este desființată.

Absorbția Gărzii Financiare de către Agentia Națională de Administrare Fiscală trebuie înțeleasă - după cum rezultă din expunerea de motive din preambulul O.U.G. nr. 74 din 2013 privind unele măsuri pentru îmbunătățirea și reorganizarea activității Agenției Naționale de Administrare Fiscală, precum și pentru modificarea și completarea unor acte normative – în contextul luptei înseși împotriva evaziunii fiscale. De altfel încă din anul 2012, se preconiza această schimbare, odată cu lansarea Strategiei de Administrare Fiscală pentru perioada 2012-2016[142], prin care A.N.A.F. a stabilit ca prioritară, în cadrul politicii fiscale, combaterea evaziunii fiscale precum și a oricăror altor forme de evitare a declarării și plății aferente a obligațiilor fiscale.

Analiza notei de fundamentare a O.U.G. nr. 74 din 2013[143] relevă faptul că reorganizarea A.N.A.F. a fost una dintre condițiile prealabile implementării proiectului „Proiectul de modernizare a administrației fiscale" pentru care s-a semnat un acord de împrumut cu Banca Mondială de 70 milioane euro, ratificat prin Legea nr. 205/2012.

Totodată, această reglementare vine în sprijinul simplificării numărului și organismelor de control financiar, dar și a eliminării posibilității de dublare a activității desfășurate de acestea și a sancțiunilor aplicate.

---

[142] Strategia de Administrare Fiscală pentru perioada 2012-2016, disponibila la http://static.anaf.ro/static/10/Anaf/Informatii_R/Strategia_ANAF_2012_2016 .pdf (accesat la 19.07.2013).

[143] Notă de fundamentare a Hotarârii de Guvern privind reorganizarea și funcționarea Agenției Naționale de Administrare Fiscală, p. 3, disponibil la http://static.anaf.ro/static/10/Anaf/legislatie/Nota_fundament_HG_ANAF_1107 2013_reorganizare.pdf (accesat la 19.07.2013.)

Atribuţiile fostei Gărzi Financiare sunt preluate de către Direcţia Generală antifraudă fiscală, organizată în cadrul Agenţiei Naţionale de Administrare Fiscală, care spre deosebire de predecesoarea sa, nu are personalitate juridică. Direcţia Generală antifraudă fiscală, în deplină concordanţă cu fosta Gardă Financiară, rămâne corp specializat de control fiscal.

Din punct de vedere organizatoric, coordonarea Direcţiei Generale antifraudă fiscală este asigurată de către un vicepreşedinte, având rangul de subsecretar de stat şi fiind numit prin decizia primului-ministru, iar conducerea este exercitată de un inspector general antifraudă, care este ajutat în activitatea sa de inspectori generali adjuncţi antifraudă (art. 3).

Activitatea Direcţiei Generale antifraudă fiscală este orientată pe două direcţii principale: în primul rând, prevenirea şi controlul faptelor de evaziune fiscală şi, în al doilea rând, combaterea faptelor de evaziune fiscală. Acţiunile de control presupun prezenţa obligatorie a cel puţin doi inspectori antifraudă. În acest sens, considerăm că echipa de control trebuie compusă dintr-un inspector cu studii economice şi unul cu studii juridice, fiind necesar un control economico-juridic. Noua reglementare în materie prevede că în raport de gradul de periculozitate al acţiunii de control desfăşurate există posibilitatea ca inspectorii antifraudă să fie însoţiţi de membri ai unitaţilor de intervenţie rapidă (art. 8 alin. 2).

Totodată, este înfiinţată Direcţia de combatere a fraudelor, al cărei scop este de a asigura asistenţa tehnica atât de necesară în cazul urmăririi penale a faptelor penale economico-financiare. Această asistenţă implică detaşarea inspectorilor antifraudă în cadrul parchetelor, pe o perioadă de trei ani, cu posibilitatea prelungirii, prin Ordin comun al procurorului general al Parchetului de pe lângă Înalta Curte de Casaţie şi Justiţie şi al preşedintelui Agenţiei.

Investigarea faptelor de evaziune fiscală reclamă însăşi existenţa unor inspectori bine pregătiţi, cu un anumit grad de curaj şi îndrăzneală deoarece persoanele care se fac vinovate de astfel de fapte au personalităţi puternice, se bucură de un nivel ridicat de educaţie şi, în plus, cazurile de evaziune fiscală sunt puternic mediatizate[144]. Acesta este motivul pentru care funcţiile publice în cadrul Direcţiei Generale antifraudă fiscală se ocupă numai pe bază de concurs, iar dobândirea calităţii de inspector este condiţionată de: absolvirea de studii universitare de licenţă cu diploma, respectiv studii superioare, juridice sau economice, de lungă durată, cu diplomă de licenţă ori echivalentă; promovarea unor evaluări psihologice, organizate în mod obligatoriu prin intermediul unităţilor specializate acreditate în condiţiile Legii; promovarea evaluărilor de integritate, inclusiv prin evaluarea personalului Direcţiei generale antifraudă fiscală din punct de vedere psihologic şi al comportamentului simulat, de către personal sau prin cabinete de specialitate, autorizate în condiţiile Legii (art. 4 alin. 7). Este firesc ca faptele de evaziune fiscală să fie investigate de specialişti, cu pregătire în domeniul dreptului economic sau chiar mai mult; în literatura de specialitate se arată că investigatorul perfect pentru faptele de evaziune fiscală trebuie să fie o combinaţie reuşită dintre: un poliţist, un detectiv, un contabil, un sociolog, un informatician şi un avocat[145].

Complexitatea activităţii de investigare derivă din pluralitatea şi din caracterul tehnic al înscrisurilor care trebuie cercetate: contracte, registre contabile, instrumente de plată – cecuri, bilete la ordin, extrase de cont etc.). De aceea, invariabil, descoperirea faptelor de evaziune fiscală reclamă expertiza tehnnico-contabilă. O astfel de expertiză ar putea constata: mişcarea banilor pe parcursul derulării activităţii infracţionale; identificarea modului în care banii au fost folosiţi pe o anumită

---

[144] Williams Howard, Investigating white-collar crime: embezzlement and financial fraud, Charles Thomas Publisher Ltd., 1997, p. 3
[145] Financial Investigations: a financial approach to detecting and resolving crimes, U.S. Government Printing Office, 2003, p. 3.

perioadă de timp; stabilirea participanților la tranzacțiile financiare; descoperirea unor alte indicii de natură să conducă la investigații amănunțite ulterioare.

Desi apreciem ca pozitivă modificarea legislativă care are în vedere detașarea inspectorilor antifraudă în cadrul parchetelor, pornind de la condițiile cerute pentru ocuparea funcției de inspector (studii economice si/sau juridice), considerăm necesară pregatirea suplimentară a acestora, dar și a procurorilor învestiți cu cercetarea unor astfel de cazuri de evaziune fiscală, deoarece acestea reclamă cunoașterea unui vocabular specializat, contabil, dar si cunoștințe care țin de știința exactă a contabilității, știință ce are o vechime mai mare de trei mii de ani (de exemplu, operaționalizarea unor concepte cum ar fi contabilitatea în partidă dublă ș.a.m.d.).

Indicii privind potențiala săvârșire a unor fapte de evaziune fiscală derivă din constatarea unor fapte aparent lipsite de relevanță, dar care, coroborate, conduc la concluzia identificării elementelor constitutive ale infracțiunii, cum ar fi: ținerea de registre duble, ascunderea de bunuri, distrugerea de registre sau evidențe contabile, tranzacții de schimb valutar frecvente sau de mari dimensiuni, plăți făcute către societăți comerciale sau către persoane fizice fictive, intrări false în contabilitate, facturi false, operațiuni de vânzare-cumpărare subevaluate sau supraevaluate, după caz, împrumuturi frecvente către proprii salariați sau către alte persoane, cheltuieli personale înregistrate în contabilitate, plata de două ori a aceleiași facturi[146].

Funcțiile publice sunt de execuție (inspector antifraudă) și de conducere (inspector general antifraudă, inspector general adjunct antifraudă, inspector șef antifraudă). Dintre aceștia, sunt numiți prin decizie a primului-ministru inspectorul general antifraudă și inspectorii generali adjuncți antifraudă.

---

[146] *Ibidem,* pp. 172-173.

În exercitarea atribuțiilor de serviciu, personalul Direcției Generale antifraudă fiscală poartă uniformă, însemne distinctive, ecusoane și, după caz, armament și alte mijloace tehnice utilizate ca mijloace individuale de apărare, protecție și comunicare, care se atribuie gratuit. Este permisa însă în realizarea atribuțiilor de serviciu, și ținuta civilă, dar numai pentru inspectorii fiscali.

Întocmai ca în cazul Gărzii Financiare, actuala Direcție Generală antifraudă fiscală funcționează ca un corp specializat de control, inspectorii cu funcții de conducere ori de execuție, după caz, fiind funcționari publici, desemnați sau de primul-ministru sau prin concurs, după caz, ei fiind investiți cu autoritatea publică a statului în timpul și în legătură cu îndeplinirea atribuțiilor de serviciu[147].

Din perspectiva drepturilor prevăzute de lege în vederea îndeplinirii atribuțiilor care revin Direcției generale antifraudă fiscală, analiza comparativă a O.U.G. nr. 74 din 2013 și a legislației anterioare (O.U.G. nr. 91/2003 privind organizarea Gărzii Financiare) evidențiază păstrarea masivă a drepturilor anterioarei Gărzi Finanaciare, diferențele nefiind substanțiale. Astfel, inspectorii antifraudă, conform art. 6 din legislația în vigoare, în exercitarea atribuțiilor lor, au dreptul:

a) *să efectueze controale în toate spațiile în care se produc, se depozitează sau se comercializează bunuri și servicii ori se desfășoară activități care cad sub incidența actelor normative naționale, inclusiv transpuse din legislația comunitară, în vigoare cu privire la prevenirea, descoperirea și combaterea oricăror acte și fapte care sunt interzise de acestea.* Diferențierea față de legislația anterioară constă în adăugirea pe care legiuitorul a simțit nevoia să o faca, pentru a elimina orice posibilitate de interpretare contrară, prin includerea actelor normative transpuse în legislația națională din cea comunitară; mai corect, credem

---

[147] N., C., Aniței. *Drept financiar*, Editura Universul Juridic, București, 2011, p. 164.

noi, ar fi fost actele transpuse din legislaţia europeană. Precizarea este de formă, deoarece oricum actele transpuse în legislaţia naţională din cea europeană fac parte din dreptul intern.

b) *să verifice, în condiţiile legii, respectarea reglementărilor legale privind circulaţia mărfurilor pe drumurile publice, pe căi ferate şi fluviale, în porturi, gări, autogări, aeroporturi, interiorul zonelor libere, în vecinătatea unităţilor vamale, antrepozite, precum şi în alte locuri în care se desfăşoară activitati economice.* De această dată, legiuitorul a adăugat două locaţii care au scăpat reglementării anterioare (gările şi autogările) şi totodată a extins domeniul de aplicare a acestor prevederi printr-o adaugire cuprinzătoare "precum şi în alte locuri în care se desfăşoară activităţi economice".

c) *să verifice legalitatea activităţilor desfăşurate, existenţa şi autenticitatea documentelor justificative în activităţile de producţie şi prestări de servicii ori pe timpul transportului, depozitării şi comercializării bunurilor şi să aplice sigilii pentru asigurarea integrităţii bunurilor.*

d) *să dispună măsuri, în condiţiile legislaţiei fiscale, cu privire la confiscarea, în condiţiile legii, a bunurilor a căror fabricaţie, depozitare, transport sau desfacere este ilicită, precum şi a veniturilor realizate din activităţi comerciale ori prestări de servicii nelegale şi să ridice documentele financiar-contabile şi de altă natură care pot servi la dovedirea contravenţiilor sau, după caz, a infracţiunilor.*

e) *să dispună, in condiţiile Ordonanţei Guvernului nr. 92/2003 privind Codul de procedură fiscală, republicată, cu modificările şi completările ulterioare, luarea măsurilor asiguratorii ori de câte ori există pericolul ca debitorul să se sustragă de la urmărire sau să îşi ascundă, să îşi înstrăineze ori să îşi risipească patrimoniul, iar dacă în desfăşurarea activităţii specifice constată împrejurări privind săvârşirea unor fapte prevăzute de legea penală în domeniul evaziunii fiscale, să sesizeze organele de urmărire penală.* Spre deosebire de legislaţia anterioară, nu se mai prevede dreptul inspectorilor antifraudă de a solicita în condițiile Codului de procedură penală efectuarea perchezițiilor în localuri publice sau particulare. Legiuitorul evită astfel a mai încălca principiul separației puterilor în stat, recunoscând, firesc, dreptul organelor de urmărire penală de a dispune măsurile care se impun în cazul cercetării penale, fără să primească indicații în acest sens.

f) *să legitimeze și să stabilească identitatea administratorilor entităților controlate, precum și a oricăror persoane implicate în săvârșirea faptelor de fraudă și de evaziune fiscală și vamală constatate și să solicite acestora explicații scrise, dupa caz.*

g) *să rețină documente, în condițiile Codului de procedură fiscală, să solicite copii certificate de pe documentele originale, să preleveze probe, eșantioane, mostre și alte asemenea specimene și să solicite efectuarea expertizelor tehnice necesare finalizării actului de control. Analiza și examinarea probelor, eșantioanelor și mostrelor, precum și expertizele tehnice se fac în laboratoare de specialitate agreate, cheltuielile privind efectuarea acestora, inclusiv cele legate de depozitarea și manipularea mărfurilor confiscate fiind suportate din fondurile special alocate prin bugetul de venituri și cheltuieli.*

h) *să constate contravențiile și să aplice sancțiunile corespunzătoare, potrivit competențelor prevăzute de lege.*

i) *să aplice măsurile prevăzute de normele legale, să verifice din punct de vedere fiscal, să documenteze, să întocmească acte de control operativ planificat sau inopinat privind rezultatele verificărilor, să aplice măsurile prevăzute de normele legale și să sesizeze organele competente în vederea valorificarii constatărilor.*

j) *să opreasca mijloacele de transport, în condițiile legii, pentru verificarea documentelor de însoțire a bunurilor și persoanelor transportate.*

k) *să solicite, în condițiile Legii, date sau, dupa caz, documente, de la orice entitate privată și/sau publică, în scopul instrumentării și fundamentării constatărilor cu privire la săvârșirea unor fapte care contravin legislației în vigoare în domeniul financiar fiscal și vamal.*

Legislația actuala extinde câmpul de aplicare a prevederilor legale, solicitarea de documente putând viza orice entitate privată și/sau publică, spre deosebire de legislația anterioara care restrângea aria instituțiilor cărora li se puteau adresa astfel de cereri la instituțiile financiar-bancare, dar și de asigurări și reasigurări.

l) *în timpul exercitării atribuțiilor de serviciu să poarte uniformă, să păstreze, să folosească și să facă uz de armamentul și de mijloacele de apărare din dotare, în condițiile legii;*

m) *să utilizeze mijloacele auto purtând însemne și dispozitive de avertizare sonore și luminoase specifice, în condițiile legii;*

n) *să constituie și să utilizeze baze de date, inclusiv ale altor instituții publice, necesare pentru prevenirea evaziunii fiscale, infracțiunilor economico-financiare și a altor fapte ilicite în domeniul fiscal și vamal. Accesul la bazele de date ale altor instituții sau persoane juridice se face pentru îndeplinirea atribuțiilor prevăzute de O.U.G. 74/2013 și cu respectarea dispozițiilor legale privind protecția datelor cu caracter personal și informațiile clasificate, condițiile concrete urmând a fi stabilite prin protocoale încheiate cu respectivele instituții sau persoane.* Dacă legislația anterioară utiliza o formulă cuprinzătoare atunci când avea în vedere constituirea și utilizarea de baze de date necesare prevenirii și combaterii infracțiunilor dar și altor fapte ilicite în domeniul fiscal, actuala reglementare, urmărind direcția expresă imprimată prin Strategia de Administrare Fiscală pentru perioada 2012-2016 – de combatere a evaziunii fiscale, legiuitorul recurge actualmente la o exprimare tautologică, din punctul nostru de vedere, atunci când se referă la prevenirea evaziunii fiscale, a infracțiunilor economico-financiare și a altor fapte ilicite în domeniul fiscal și vamal.

o) *să efectueze verificări necesare prevenirii și descoperirii faptelor de fraudă și de evaziune fiscală și vamală.*

p) *să efectueze operațiuni de control tematic.*

Din prevederile art. 6 O.U.G. nr. 74 din 2013, rezultă că, în continuare, se mențin cele două forme de control ințiate sub egida Gărzii Financiare: controlul operativ și inopinat, pe de o parte, și controlul tematic, pe de altă parte. Rezultatul celor constatate îmbracă forma proceselor-verbale și actelor de control. După caz, acestea se constituie în acte de constatare și de sancționare a contravențiilor sau în acte de sesizare a organelor de urmărire penală.

Apreciem ca pozitivă modalitatea de organizare a Direcției Generale antifraudă fiscală, prin comparație, cu alte organisme cu atribuții similare la nivelul U.E. Astfel, în Italia, vorbim despre o extremizare a atribuțiilor Gărzii Financiară, care apare ca structura militarizată[148], aflată cumulativ în subordinea Ministerului Apărării și a Ministerului de Finanțe. Aici, membrii Gărzii Financiare sunt absolvenți ai Academiei Militare. Totodată, Garda Financiară Italiană este una dintre cele mai înzestrate tehnic și militar organisme de control financiar din U.E., nu mai puțin de 600 ambarcațiuni și peste 100 de aeronave fiind la dispoziția acesteia, în derularea misiunilor de control și sancționare a faptelor penale de evaziune fiscală.

[148] *Italy. Justice system and national police handbook,* Ed. International bussines publication U.S.A., Wahington, 2011, p. 65.

8. EVAZIUNEA FISCALĂ ŞI CREŞTEREA ECONOMICĂ

8.1. Precizări prealabile

Argumentele pro sau, după caz, contra evaziunii fiscale sunt de natură a evidenţia legătura dintre evaziunea fiscală şi creşterea economică.

În categoria argumentelor care susţin evaziunea fiscală este preganant unul, central: prin ocolirea plăţii impozitelor şi taxelor, rămân disponibile resurse financiare importante, care au potenţialul necesar de a încuraja activitatea economică, investiţiile şi chiar de a reduce şomajul.

Împotriva evaziunii fiscale sunt aduse, de asemenea, o serie de argumente, subliniate în literatura de specialitate[149]: resursele financiare create prin fapte evazioniste, prezente în piaţă, nu au corespondenţă în munca licită, asftel încât creează presiuni aupra monedei naţionale, prin scăderea puterii de cumpărare a monedei naţionale şi prin creşterea fenomenului inflaţionist; de cele mai multe ori, sumele care provin din faptele de evaziune sunt convertite în valută, acesta fiind de natură să conducă la deprecierea monedei naţionale, raportat la celelalte valute; degradarea continuă a mediului de afaceri prin promovarea corupţiei. Cel mai evident dezavantaj indus de evaziunea fiscală este acela că acest fenomen este parte integrantă din ansamblul economiei negre, pornind chiar de la evidenţierea celor trei paliere pe care se dezvoltă economia neagră[150]. La primul nivel al economiei negre întâlnim activităţile care nu intră în sfera ilicitului sau sunt subscrise zonei criminalităţii mărunte (încălcări ale dreptului de autor –

---

[149] D., Florescu P.,, Coman. G., Bălaşa. *Fiscalitatea în România*, Editura All Beck, Bucureşti, 2005, p. 127.

[150] Pichardt M., Prinz A., *Tax evasion and the shadow economy*, Editura Edward Elgar Publishing Limited, Massachusetts, 2012, p.4.

de exemplu prin xerocopierea lucrărilor protejate de drepturi de autor). Al doilea nivel al economiei negre este nivelul infracțional, incluzând în special activități de muncă la negru, prin vânzarea bunurilor ori prestarea serviciilor fără dovezi fiscale (facturi, chitanțe etc.). De regulă, pentru aceste activități se efectuează plata cash, pentru a se împiedica depistarea fluxurilor financiare nelegale. De regulă, prejudiciul creat este redus, dat fiind că activitatea evazionistă este individuală. La al treilea nivel regăsim crima organizată, care include comerțul ilegal cu arme, traficul de droguri, traficul de persoane, jocuri de noroc, precum și munca la negru, dacă aceasta este urmare a activităților de crimă organizată. Dezvoltarea unei economii subterane, paralelă cu economia oficială este de natură să o submineze în permanență pe cea din urmă, cu efecte negative asupra creșterii economice.

Din punct de vedere economic, taxele sunt apreciate ca ineficiente. Motivul îl reprezintă faptul că includerea acestor taxe în prețul produselor are ca efect sporirea prețurilor. Pe cale de consecință, consumatorul va cumpăra mai puțin, așadar consumul scade pe măsură ce taxele cresc, deci activitatea economică este, la rândul ei, în cădere. Pe de altă parte, taxele se dovedesc a fi un rău necesar, deoarece în absența lor nu ar exista posibilitatea de a acoperi nevoile societății (infrastructură, servicii mediacale, de siguranță internă și externă etc.). Dacă plecăm de la ideea că taxele sunt ineficiente din punct de vedere economic, s-ar putea concluziona că evaziunea fiscală este o practică economică eficientă. Și totuși, guvernele cheltuiesc bani publici pentru a depista faptele de evaziune, sărăcind practic bugetul de stat. În plus, motorul unei economii de piață îl reprezintă libera concurență; or, dacă una dintre cele dou companii aflate în concurență evazionează statul, iar cealaltă nu, prima este avantajată în mod artificial, cu efecte negative asupra economiei.

Cea mai bună explicație pentru legătura dintre fiscalitate și creștere economică potențială este exprimată prin curba Laffer. Dacă Adam Smith remarca faptul că o fiscalitate prea ridicată distruge baza de impozitare, Laffer exprima același lucru cu ajutorul celebrei curbe care leagă presiunea fiscală de volumul veniturilor fiscale: dacă la o rată a fiscalității de 0%, datorită efectului aritmetic, firesc, veniturile fiscale vor fi 0, la o rată a fiscalității de 100%, datorită efectului economic[151], veniturile fiscale vor fi tot 0. Pe cale de consecință, creșterea economică și în primul caz, și în celălalt, este tot 0. Veniturile fiscale și creșterea economică se obțin între cele două paliere. Teoria economică recomandă o politică de impozitare care să mențină presiunea fiscală într-o zonă admisibilă (adică până la o rată a fiscalității optimă, imposibil de stabilit teoretic). Concluzia lui Laffer este aceea potrivit căreia: „mărimea prelevărilor instigă la mai puțină muncă datorită efectului pervers al impozitului pe profit ce duce la descurajarea unor activități și aproape sigur la disimularea unei părți din activitatea depusă și, evident, trecerea în aria de cuprindere a contra-economiei"[152].

Analiza veniturilor fiscale obținute în perioada 2006-2011 rezultă din tabelul de mai jos.

Tabel 3. Veniturile fiscale în România exprimată ca pondere în P.I.B.

2006	*2007*	*2008*	*2009*	*2010*	*2011*
28,5% din PIB	29% din PIB	28% din PIB	27,9% din PIB	32,8% din PIB	30,95% din PIB

Sursa: Politica de impozitare sub blestemul veniturilor mici: cazul României, disponibil la *http://www.fes.ro/media/images/publications/Brosura_Politica.pdf (accesat la 29.01.2012)*

---

[151] E., Pădurean. *Fiscalitatea în România și în Uniunea Europeană* în Revista Oeconomica nr. 1/2005, p. 195.
[152] I., Bostan. *Medii economice informale,* Editura Bit, Iași, 1997, p. 28.

Creşterea veniturilor fiscale se explică prin îngreunarea poverii fiscale în România. Constatăm o creştere a veniturilor fiscale până în anul 2010, fiind rezonabilă şi în anul 2011. Explicaţia rezidă în politica de austeritate impusă, cu efecte însă în planul creşterii economice nesemnificative (de 1,5% în anul 2012) şi creşterii fenomenului de evaziune fiscală. Soluţia de creştere a veniturilor bugetare prin îngreunarea sarcinii fiscale nu este o soluţia în sine, fiind contraproductivă din punct de vedere al creşterii economice. Instituţiile statului trebuie să se concentreze pe a atrage investiţii şi a dezvolta economia şi nu pe soluţia creşterii presiunii fiscale.

Şi deşi România este campioană în U.E. la numărul de impozite şi taxe şi la cuantumul acestora, totuşi veniturile bugetare (impozite şi taxe) sunt sub media U.E.: la nivelul anului 2011 – 32,5% din PIB, faţă de media U.E. de 39,6% din PIB[153]. Motivul: evaziunea fiscală tolerată şi acceptată în România.

Nivelul taxelor şi al impozitelor pe muncă – şi din partea angajatorului, şi din partea angajatului – este o măsură necesară pentru creşterea economică, concomitent cu diminuarea evaziunii fiscale, deoarece s-ar diminua fenomenul prezent în sectorul privat în care angajatorul îl plăteşte pe angajat cu salariul minim pe economie, restul salariului convenit fiindu-i dat angajatului la negru.

Raportul Băncii mondiale „Paying taxes" pe anul 2013 constată o situaţie îngrijorătoare la nivel global – o companie de talie medie suportă o rată totală de impozitare de 44,7% din profituri, face în medie 27,2 plăţi şi petrece 267 de ore pentru a

---

[153] Consiliul Fiscal al României, *Raportul anual pe anul 2011. Evoluţii şi perspective macroeconomice şi bugetare*, p. 66, disponibil la http://www.consiliulfiscal.ro/Raport2011.pdf (accesat la 22.08.2013).

se conforma legislației fiscale[154], ceea ce este în totală contradicție cu principiul economiei în materie de fiscalitate, astfel cum a fost creionat de Adam Smith - „toate contribuțiile trebuie să fie stabilite de o manieră care să scoată din buzunarul cetățeanului cât mai puțin posibil față de ceea ce urmează să intre în trezoreria statului."[155] Din 183 economii analizate, România ocupă poziția deloc îmbucurătoare 136 în privința ușurinței cu care se pltesc taxele.

Evaziunea fiscală în România este ridicată. Ponderea mare a evaziunii fiscale se reflectă direct asupra impozitului pe venit, a TVA-ului și a contribuțiilor de asigurări sociale, numai din această bază evaziunea fiscală reprezentând 10,3% din PIB.

8.2. Efectele evaziunii fiscale

Fiscalitatea are menirea de a susține însăși existența statului și dezvoltarea acestuia. În acest sens, principalul efect al evaziunii fiscale îl reprezintă sărăcirea bugetului de stat și a celorlalte bugete. Diminuarea veniturilor sttului reclamă o soluție din partea guvernanților. Or, soluția imediată este augmentarea cotelor de impunere, dar și a taxelor existente, alături de inivare fiscală, în forma introducerii de noi impozite și taxe. În aceste condiții, crește presiunea fiscală, iar rezultatul imediat îl reprezintă creșterea rezistenței cetățenilor la impozite și taxe; așadar crește evaziunea fiscală. Acest fenomen are caracter repetitiv.

Clasic, efectele evaziunii fiscale au caracter economic, juridic, social și politic.

Efectele economice ale evaziunii fiscale se împart în efecte asupra contribuabililor cinstiți și efecte asupra contribuabililor evazioniști. În timp ce contribuabilii cinstiți vor

---

[154] Banca Mondială, *Paying taxes 2013,* disponibil la http://www.pwc.com/gx/en/paying-taxes/assets/pwc-paying-taxes-2013-full-report.pdf (accesat la 22.08.2013).
[155] D.,Drosu Șaguna. D., Șova. *op.cit.,* p. 30.

resimți tot mai acut povara fiscală și, ca urmare a plății impozitelor și taxelor excesive se vor vedea nevoiți să își reducă activitatea, contribuabilii evazioniști vor continua să întrețină economia neagră, la dispoziția lor rămânând toate veniturile nedeclarate.

Efectele juridice vizează creșterea complexității legislației fiscale în încercarea de a combate evaziunea fiscală. În plus, există pericolul de a eroda însăși baza statului de drept - drepturile civile[156] ale cetățenilor, dar și privilegiile diverselor categorii de profesioniști, așa cum sunt acestea prevăzute de legislațiile în vigoare.

Efectele sociale ale evaziunii fiscale apar din perspectiva subvențiilor și a diverselor facilități fiscale oferite de stat. Un buget de stat sărac nu va putea susține programe guvernamentale cu iz social (subvenții ori facilități de ordin fiscal), astfel încât categoriile sociale care se bazează pe sprijinul social al statului vor fi defavorizate, standardul de viață al acestora coborând și mai mult.

Efectele politice se resimt în campaniile electorale și în sancționarea partidelor aflate la conducere de către electorat.

8.3. Combaterea evaziunii fiscale

Reglementarea însăși a taxelor și a impozitelor atrage existența evaziunii fiscale. În România de după anul 1989 evaziunea fiscală a devenit o veritabilă normă socială, contribuabilii români, indiferent de statutul social practicând, ca o obișnuință, un comportament de evitare a plății taxelor și a impozitelor[157]. Răspândirea pe scară largă a evaziunii fiscale are drept consecință ineficacitatea sistemului fiscal autohton, cel

---

[156] Toma Rachel Anne, *Legislating against tax avoidance*, Editura IBFD, Amsterdam, 2008, p. 24.

[157] Toader S.A., *Overall analysis of the tax evasion phenomenon and its dynamics in Romania after 1989*, disponibil la http://papers.ssrn.com/sol3/ papers.cfm?abstract_id=1031936 (accesat la 11.01.2013).

mai puțin viabil din Uniunea Europeană. Sustenabilitatea fiscală este în dependență de combaterea eficientă a fenomenului. Problema evidențiată este mai ardentă în contextul crizei economice mondiale, care a subliniat fragilitatea sistemului românesc al finanțelor publice. Cifrele oficiale arată că pierderile la bugetul de stat, datorate evaziunii fiscale, se ridică la cota de 10% din PIB, la nivelul anului 2012[158].

Un studiu realizat în Statele Unite ale Americii în anul 2008, privind 17 state (mare parte dintre ele aflându-se în trecut sub influența Rusiei), între care economii emergente (aici intră și România) evidențiază următoarele în ceea ce privește atitudinea cetățenilor privind evaziunea fiscală:

Tabelul 4. Percepția cetățenilor asupra evaziunii fiscale

Nr. crt.	Stat Analizat	Percepția cetățenilor asupra evaziunii fiscale pe scala (niciodată acceptabilă) 10 (întotdeauna acceptabilă)
1.	Belarus	4,22
2.	Bulgaria	2,01
3.	Croația	2,53
4.	Cehia	2,07
5.	Danemarca	2,00
6.	Germania	2,40
7.	Estonia	3,15
8.	Finlanda	2,46
9.	Ungaria	2,12
10.	Letonia	2,36
11.	Lituania	3,77
12.	Polonia	2,23
13.	România	2,79
14.	Rusia	3,09

[158] S., Canagarajah. M., Brownbridge. A., Paliu. I., Dumitru. *The challenges to long run fiscal sustainability in Romania* în "Policy Research Working Paper", ianuarie 2012, p. 25, disponibil la http://papers.ssrn.com/sol3/papers.cfm?abstract_id=1979288 (accesat la 11.01.2013) .

15.	Slovacia	2,15
16.	Slovenia	2,34
17	Ucraina	3,45

Sursa: Prelucrare după McGee R., „Cheating on taxes: a comparative study of tax evasion ethics of 15 transition economies and 2 developed economies" în „The IABPAD Conference Proceedings", Dalas, aprilie 2008, p. 86

Se constată că nivelul mediu al toleranței față de evaziunea fiscală se localizează la media de 2,66. Raportat la această medie, România se află deasupra acesteia, ca de altfel și restul statelor, care au cunoscut în decursul timpului influența sovietică și care probează, în prezent, un comportament caracterizat prin lipsa de respect față de autorități, tradusă și prin fenomenul de evaziune fiscală. Danemarca și Finlanda au fost avute în vedere deoarece sunt în topul celor mai puțin corupte state. Cifra de 2,00 este explicabilă pentru Danemarca. În cazul Finlandei însă, nivelul împovărător al taxelor fiscale îi face pe finlandezi să nu considere evaziunea fiscală imorală[159]. Această aserțiune este susținută și de un alt studiu[160], care se concentrează pe comparația dintre România și Republica Moldova cu privire la percepția cetățenilor celor două state asupra evaziunii fiscale, care concluzionează că românii sunt oponenți mai ardenți ai evaziunii fiscale, față de cetățenii Republicii Moldova.

Percepția românilor față de evaziunea fiscală se înscrie în tredul obișnuit, general valabil: dacă infracțiunile „obișnuite" săvârșite de multe ori prin utilizarea violenței, stârnesc dezaprobarea generală, în cazul evaziunii fiscale, nonviolente, pe termen scurt și la prima vedere, nu traumatizează cetățenii. Pe termen lung însă, evaziunea fiscală își dovedește gradul de

---

[159] R., McGee. Cheating on taxes: a comparative study of tax evasion ethics of 15 transition economies and 2 developed economies în „The IABPAD Conference Proceedings", Dalas, aprilie 2008, pp. 86-87.
[160] Idem, Views toward tax evasion, disponibil la http://papers.ssrn.com/sol3/papers.cfm?abstract_id=1398384 (accesat la 11.01.2013).

periculozitate intuit şi sancţionat de legiuitor, prin aceea că are un efect devastator asupra economiei, în special, a comunităţilor în general.

Nu putem nega ca s-au fi depus eforturi în direcţia combaterii evaziunii fiscale, dar acestea sunt încă insuficiente. Conform Strategiei de Administrare Fiscală pentru perioada 2012-2016, A.N.A.F. si-a concentrat atenţia pe monitorizări şi controale în domenii în care am putea vorbi de prezumarea evaziunii fiscale: achiziţiile intracomunitare, produsele accizabile, operaţiunile de import/export. O serie de ordine ale Preşedintelui A.N.A.F. (de exemplu: Ordinul Preşedintelui A.N.A.F. nr. 207/2012 privind aprobarea modalităţilor şi procedurilor pentru realizarea supravegherii fiscale a producţiei, depozitării, circulaţiei şi importului produselor accizabile) şi ale Ministrului Finanţelor Publice (de exemplu: O.M.F.P. nr. 334/2012 prin care au fost create condiţiile necesare de transport şi de instalare a infrastructurii informatice în punctele de trecere a frontierei de stat), toate au vizat combaterea fenomenului de evaziune fiscala.

Totodată, a fost înfiinţată Direcţia de verificări fiscale, al cărei scop îl reprezintă controlul persoanelor fizice care deţin averi sau au venituri pe care nu le pot justifica.

Activitatea de prevenire a evaziunii fiscale este în continuare precară. În acest sens, A.N.A.F. se rezumă la a monitoriza pe contribuabilii nou înfiinţaţi.

Activitatea de combatere a evaziunii fiscale în România urmăreşte, ca direcţii de acţiune principale: identificarea contribuabililor neînregistraţi, verificarea fiscală a persoanelor fizice cu venituri sau averi considerabile, verificarea persoanelor fizice care au desfăşurat tranzacţii imobiliare, verificarea tranzacţiilor comerciale on-line.

Având în vedere că plata taxelor şi a impozitelor apare ca efect al temerii cetăţenilor de sancţiunile potenţiale pe care le-ar suporta, dacă ar adopta o atitudine indiferentă faţă de plata taxelor şi a impozitelor, o măsură la îndemână împotriva fenomenului evazionist o reprezintă *creşterea severităţii de combatere a evaziunii fiscale.*

Studiile economice arată că evaziunea fiscală descreşte în acelaşi ritm în care creşte probabilitatea descoperirii cazurilor de evaziune fiscală şi a sporii sancţiunilor îndreptate împotriva unor astfel de fapte[161]. Neluarea de măsuri drastice împotriva fenomenului evazionist conduce la perpetuarea unei veritabile gene evazioniste, transmisibilă din generaţie în generaţie, cu efecte negative pe termen lung. Sporirea penalizărilor trebuie să fie suficient de mare pentru a elimina comportamentul infracţional (penalizările să fie de 49 de ori mai mari decât taxele ce ar trebui colectate din veniturile nedeclarate).

Schimbarea mentabilităţii contribuabilului este un alt pas spre stoparea evaziunii fiscale, alături de modificarea exponenţială a atitudinii administraţiei fiscale faţă de contribuabil, prin dezvoltarea unei relaţii de parteneriat între aceştia.

Degradarea disciplinei fiscale trebuie combătută. Metodele pot fi originale sau pot fi împrumutate de alte economii din lume. Având în vedere că cel puţin deocamdată, cea mai puternică economie a lumii este cea a Statelor Unite ale Americii, precizăm metodelor de combatere a evaziunii fiscale în S.U.A.[162], care evidenţiază interesul autorităţilor locale pentru metode clare: prin creşterea penalităţilor, prin creşterea riscului de a fi prins prin realizarea unui control de proporţii organizat de către autorităţi, prin amnistia fiscală.

Realizarea unei activităţi de control de proporţii mai mari ar putea însemna cheltuieli mai mari pentru autorităţi raportat la sumele adiţionale colectate din reducerea evaziunii.

---

[161] M., Zagler. International tax coordination: an interdiciplinarity perspective on virtues and pitfalls, Editura Routledge, 2010, New York, p. 52.
[162] R., Tresch. Public sector economics, Editura Palgrave Macmillan, New York, 2008, p. 329.

Înăsprirea condițiilor de înființare și autorizare a agenților economici, urmând ca autorizarea să fie făcută exclusiv pentru aceia care dovedesc că nu au debite la bugetul consolidat al statului – taxe, impozite, contribuții la fondul de șomaj, sănătate, pensii etc[163].

Măsurile de relaxare a politicii fiscale sunt de luat în calcul în vederea combaterii evaziunii fiscale. Acestea ar putea îmbrăca forma: aministiei fiscale, scutirilor și reducerilor de la plata impozitelor și taxelor, pe termen scurt și mediu, și schimbarea treptată a ponderii impozitelor directe și a impozitelor indirecte, pe termen lung.

a. Aminstia fiscală apare ca ofertă sau termen de grație venit din partea Guvernului, pentru o anumită categorie de contribuabili, de a-și achita taxele și impozitele restante, care sunt astfel scutiți de la plata penalităților și/sau dobânzilor aferente acestor debite, și, în plus, nu sancționați penal pentru faptele lor[164]. Aministia fiscală poate viza toate categoriile de contribuabili sau numai o parte din contribuabili (de exemplu: întreprinderile mici și mijlocii, persoanele fizice autorizate etc.)

Aministia fiscală are rolul de a determina contribuabilii care trăiesc sub riscul controalelor, de a-și recunoaște acțiunile evazioniste din trecut. Această soluție ar putea fi pe cât de așteptată, pe atât de populară. Este, practic, soluția optimă pentru a aduce un plus bugetar, cel puțin pe termen scurt și pe termen mediu.

Această soluție, oricât de inovativă ar părea, a fost identificată de egipteni acum două mii de ani, fiind implementată cu succes și astăzi. Ea își dovedește eficiența mai ales în perioadele de criză economică, deoarece face să crească veniturile la bugetul de stat, printr-o egalizare a situației

---

[163] C., Durdureanu. M., Soroceanu. *The display of evasion and tax fraud phenomena in the context of current economic and financial crisis* în Anuarul Universității Petre Andrei din Iași, issue 5/2010, Editura Lumen, Iași, p. 127.
[164] Baer Katherine, Le Borgne Eric, *op.cit.,* p. 5.

veniturilor strânse de la contribuabilii cinstiţi cu cele de la contribuabilii mai puţin cinstiţi şi, totodată, prin repatrierea unor sume de bani depozitate în offshoruri. Pe lângă considerentele de natură politică, amnistia fiscală are la bază şi motive politice.

Una dintre cele mai de succes amnistii fiscale a fost promovată de guvernul italian în noiembrie 2001, care prin al său „scudo fiscale" a reuşit repatrierea a 56 miliarde euro. Alte cazuri de aministie fiscală: Polonia (septembrie 2002-aprilie 2003), S.U.A. a reglementat nu mai puţin de 60 de programe de aministie fiscală începând cu anul 1982 şi până în prezent[165].

Dezavantajul aminsitiei fiscale se vede pe termen lung şi rezidă în posibila schimbare a comportamentului contribuabililor cinstiţi, prin împrumutarea comportamentului evazionist, astfel încât există riscul creşterii fenomenului evazionist. În plus, unii autori[166] arată că marii evazionişti nu sunt interesaţi de programele de amnistie fiscală şi nu participă la acestea de teama că, pe baza noilor informaţii primite în perioada de aministie fiscală, îi vor urmări ulterior finalizării programului cu mai multă uşurinţă.

În România, amnistia fiscală pare a fi un subiect tabu. În istoricul fiscal naţional nu regăsim cazuri decât izolate de amnistie fiscală şi, în plus, orientate pe anumite categorii de contribuabili. Astfel, avem în vedere Legea nr. 84/2012 privind unele măsuri referitoare la veniturile de natură salarială ale personalului plătit din fonduri publice prin care personalul din sectorul bugetar trebuie să le restituie ca urmare a deciziilor de impunere emise de angajatori în urma prejudiciilor constatate de curtea de Conturi.

Opinăm în sensul adoptării unei legi de amnistie fiscală nediscriminatorie, care să vizeze toate categoriile de

---

[165] Torgler Beno, Tax compliance and tax morale: a theoretical and empirical analysis, Edward Elgar Publishing Limited, 2007, p. 264.
[166] Ibidem, p. 268.

contribuabili români, persoane fizice sau juridice, în condițiile în care creșterea economică se lasă așteptată, dar este nevoie de resurse financiare la bugetul de stat.

b. Reglementarea unor scutiri sau reduceri de la plata impozitelor și taxelor, de exemplu, în primii ani de activitate ai agentului economic.

Un exemplu l-ar putea constitui cazul Chinei care a reglementat pentru agenții economici „o vacanță de cinci ani de zile de la plata impozitelor și taxelor"[167]. Astfel, în primii cinci ani de activitate economică pe profit, agenții economici beneficiază în primii doi ani de scutirea de la plata impozitului pe profit și în următorii trei ani de o reducere de 50% de la plata impozitului pe profit.

Un alt exemplu, tot dinspre continentul asiatic, vine dinspre Japonia, care „printr-o atitudine de ipocrizie semioficială încurajează formarea capitalului"[168]. Astfel, legea japoneză prevede scutirea de taxe pentru un cont de economii de nivel mediu. În aceste condiții, Japonia are de cinci ori mai multe conturi decât numărul de locuitori. O astfel de soluție este viabilă în spațiul românesc, dar este imposibil de crezut că ar fi adoptată vreodată în condițiile în care asistăm în legislația românească există impozitul de 16% pe dobânzile la depozitele bancare (art. 67 alin. 1¹ din Codul fiscal).

Noile modificări aduse Codului fiscal prin O.G. nr. 16/2013 intră parțial în categoria acestei soluții. Deși lăudabilă inițiativa de a reduce la 9% taxa pe valoare adăugată la pâine, făină de grîu și de secară, măsura prevăzută de art. 140 alin. 2 lit. g din Codul fiscal este anulată și practic surclasată de același act normativ – art. 207 lit. f-k – care include în categoria produselor accizabile bijuteriile din aur și platină, blănurile naturale, autoturismele cu o capacitate cilindrică egală sau mai

---

[167] Phyllis Lai Lan Mo, *op.cit.*, p. 16.
[168] Druker Peter, *Inovația și sistemul antreprenorial*, Editura Enciclopedică, București, 1993, pp. 171-172.

mare de 3000 cm³ etc. Măsura este caracteristică unui stat limitat economic, care înțelege să dea pâinea pe aur ș.a. Relaxarea fiscală dorită nu mai are astfel substanță.

Pornind de la diferențierea structurii fiscalității în funcție de gradul de dezvoltare a statelor, în raport de care observăm că dacă statele dezvoltate se caracterizează printr-un echilibru între impozitele directe[169] și indirecte[170] (așadar, vorbim despre un sistem fiscal ușor), statele mai puțin dezvoltate prezintă un dezechilibru între cele două componente ale impozitelor (sistem fiscal greu), constatăm că acesta din urmă este și cazul României. Structura fiscalității în România în momentul de față prezintă o disproporție în ponderea veniturilor fiscale: veniturile din impozite indirecte este de 46,32% din total, față de media U.E. care este de 33,08%, respectiv veniturile din impozite directe este de 21,32% față de media U.E. de 31,81%[171]. În aceste condiții, opinăm în sensul în care legislația fiscală ar trebui modificată treptat, astfel încât să se tindă spre un echilibru între cele două categorii posibile de impozite.

Mai mult, este necesară o consolidare apoliticii economico-fiscale naționale. Schimbările frecvente în legislația fiscală sunt de natură a alunga investitorii străini, care au un rol important în dezvoltarea unei economii emergente, așa cum este și economia României.

c. Pe lângă acestea, pentru combaterea evaziunii fiscale pot fi avute în vedere și: *formarea și perfecționarea aparatului fiscal*, a funcționarilor care ar trebui să fie mai bine pregătiți profesional, motivați și mai cinstiți. Aceasta deoarece

[169] Impozitul direct este impozitul suportat direct de către cel care le plătește și care nu se transferă asupra prețurilor (de exemplu: impozitul pe profit, pe salarii, pe venitul agricol pe dividende etc.)
[170] Impozitul indirect este impozitul cuprins în prețurile bunurilor și serviciilor, îmbrăcând forme și denumiri diferite (de exemplu: taxa pe valoare adăugată, accize, taxe vamale ș.a)
[171] Consiliul Fiscal al României, *op.cit.*, p. 67.

funcţionarul public implicat în procedeul de colectare a impozitelor şi taxelor nu trebuie să dea dovadă doar de cunoaştere a procedurilor tehnice şi administrative, ci şi de aptitudini legate de relaţii sociale. În acelaşi sens este important a se avea în vedere stabilirea unui raport - care să tindă spre optim - între salariile funcţionarilor publici implicaţi în activitatea de supraveghere fiscală şi/sau control fiscal şi stimulentele acordate pentru cointeresarea aparatului fiscal.

Facilitarea plăţii taxelor este o problemă importantă. În cursul anului 2013 s-au făcut progrese din această perspectivă, prin introducerea unor mecanisme de depunere a declaraţiilor şi de plată a taxelor on-line, cum ar fi declaraţia unică pentru contribuţii sociale şi a obligativităţii depunerii în format electronic a declaraţiilor fiscale pentru întreprinderile mari şi mijlocii.

Se adaugă şi necesitatea de a avea mai mulţi funcţionari implicaţi în activităţile de audit. În mod contrar necesităţilor asistăm la reformarea autorităţilor de control fiscal ce implică reducerea de personal. Această măsură de reducere a cheltuielilor bugetare este contraproductivă însă în lipta împotriva evaziunii fiscale.

d. Cooperarea administrativă şi creşterea transparenţei datelor privind evaziunea fiscală, astfel cum sunt notate în evidenţele informatice reprezintă o măsură de combatere a evaziunii fiscale în acord cu politica U.E. în domeniu.

Astfel, consultarea bazelor de date este de maximă importanţă. Un exemplu[172] suficient de clar relevă importanţa cooperării autorităţilor fiscale: într-o parcare din Italia, din staţiunea Cortina d'Ampezzo, în luna ianuarie a anului 2012 erau parcate nu mai puţin de 133 autoturisme de lux (Ferrari, Lamborghini etc.). Analizând pe proprietarii acestora, s-a constatat că 42 dintre aceştia aveau venituri declarate anual de

---

[172] Richard Murphy, *op.cit,* p. 84.

maxim 22.000 euro, iar alţi 16 sub 50.000 euro. Accesul la bazele de date cuprinzând numele acestora ar fi de folos pentru a combate evaziunea fiscală pe care, probabil, o practică şi în alte state U.E.

e. Se adaugă şi *elaborarea de acte normative complete şi clare*, alături de *norme metodologice* de aplicare la fel de complete, respectiv unificarea legislaţiei fiscale şi o mai bună sistematizare şi corelare a acesteia cu ansamblul cadrului legislativ din economie. Lipsa unei viziuni unitare asupra sistemului de impozite şi taxe este de natură a conduce la efecte nedorite pe termen lung asupra creşterii economice a României. În acelaşi cadru s-ar putea avea în vedere editarea unei publicaţii specializate de catre Ministerul de Finanţe, care să faciliteze interpretarea unitară a cadrului normativ privind identificarea si combaterea evaziunii fiscale.

f. Toate acestea ar putea îmbrăca forma unui *Cod* care să includă măsurile necesare în materie de combatere a evaziunii fiscale.

BIBLIOGRAFIE SELECTIVĂ

Tratate, Monografii, Cursuri, Studii

Anderson Malcolm, Apap Joana, *Striking a balance between Freedom, Security and Justice in an Enlarged European Union*, Editura Sitra, Centre for European Policy Study, Bruxelles, 2002.

Aniței Nadia-Cerasela, *Drept financiar*, Editura Universul Juridic, București, 2011.

Aniței Nadia-Cerasela *Fiscal Paradise/ Paradisurile fiscale*, Revista de criminologie, de criminalistica si de penologie, nr. 2/2011, Bucuresti, ISSN -1454-5624, pp. 27-57 http://www.mpublic.ro/reviste.htm (studiu)

Baer Katherine, Borgne Eric, *Tax amnesties: theory, trends, and some alternatives*, Ed. International Monetary Fund, 2008.

Bișa, Cristian, Costea Ionuț, Capotă Mihaela, Dăncău Bogdan, *"Utilizarea paradisurilor fiscale – între evaziunea fiscală legală și frauda fiscală"*, Editura B-T Publishing House, București, 2005.

Bostan Ionel, *Medii economice informale*, Editura Bit, Iași, 1997.

Bergman Marcelo, *Tax evasion and the rule of law in Latin America: the political culture of cheating and compliance in Argentina and Chile*, Editura The Pennsylvania State University, 2009.

Braithwaite Valerie, *Taxing democracy: understanding tax avoidance and evasion*, Editura Ashgate Publishing Limited, England, 1951.

Buziernescu, Radu. *Evaziunea fiscală internă și internațională* Editura Universitaria, Craiova, 2007.

Carcu Mugur, Dan. Safta Marieta. Safta, Dan. *Jurisprudenta fiscala*, Editura Tribuna Economica, Bucuresti, 2000.

Duphin, Claude. *Ghidul cu adevărat practic al paradisurilor fiscale*, Grupul de edituri Tribuna, Brașov.

Florescu Dumitru. Coman Paul.. Bălașa Gabriel. *Fiscalitatea în România*, Editura All Beck, București, 2005.

Florescu Dumitru, Bucur Dan, Mrejeru Theodor, Pantea Marius, Martinescu Andreea, Manea Vasile, *Evaziunea fiscală*, Ed. Universul Juridic, București, 2013.

Gaftoniuc Simona. *Finanțele internaționale*, Editura Economică, București, 2000.

Grigorie, Lăcrița. *Fiscalitate, controverse și soluții*, Editura Irecson, București, 2007.

Geffroy Jean Baptiste. *Traite du Droit Fiscal*, Editura Presses Universitaires De France.

Gravelle Jane, *Tax havens: international tax avoidance and evasion*, Congressional Research Service, september, 2010.

Hayoz N., Hug S. *Tax evasion, trust and state capacities*, Editura Peter Lang, Berna, 2007.

Hoanță Niculae. *Evaziunea fiscală*, Editura Tribuna Economică, București, 1997.

Hoanță Niculae. *Evaziunea fiscală*, editia a –II-a, Editura C.H. Beck, București, 2010.

Kiss L. György, Váradi Laszló, David Jonathan Cooper, *"Planificare fiscală 2000"*, Editura Napoca Star, Cluj-Napoca, 2000.

Luc de Broe, *International tax planning and prevention of abuse*, Editura IBFD, Amsterdam, 2008.

Lupu Nicolae. Grosu Oana. *Finanțe publice și fiscalitate*, Editura Tehnopress, Iași, 2009.

Mănăilă, Adrian. *Companiile offshore sau evaziunea fiscală legală*, ediția a-II-a, Editura All Beck, București, 2004.

Martiney, Jean Claude. *La fraude fiscale*, P.U.F., Paris, 1990.

Meinzer Mahus, *Unilateral measures against offshore tax evasion*, Editura Grin Verlag, 2008.

Minea Ștefan Mircea. Costas Cosmin, Flavius. Ionescu Diana, Maria. *Legea evaziunii fiscale: Comentarii și explicații*, Editura C.H. Beck, Bucuresti, 2006.

Minea Ștefan, Costaș Flavius, Cosmin. *Fiscalitatea în Europa la începutul mileniului III*, Editura Rosetti, București, 2006.

Mrejeru Theodor. Florescu Dumitru. Safta Dan.Safta Marieta. *Evaziunea fiscală. Practică judiciară. Legislație aplicabilă*, Editura Tribuna Economică, București, 2000.

Nigel, Feetham . Tax arbitrage: the trawling of the international tax system, Editura Spiramus Press Ltd., 2011.

Phyllis Lai Lan Mo. Tax avoidance and anti-avoidance measures in major developing economies, Greenwood Publishing Group, 2003.

Picket Spencer, Picket Jennifer, Financial Crime Investigation and Control, John Wiley & Sons Inc., 2002.

Pichardt M., Prinz A., Tax evasion and the shadow economy, Editura Edward Elgar Publishing Limited, Massachusetts, 2012.

Postolache Rada. Drept financiar, Editura. C.H.Beck, București, 2009.

Rachel Anne Tooma, Legislating against tax avoidance, Editura IBFD, Amsterdam, 2008.

Sabathil Gerard, The European Comission: an essential guide to the institution, the procedures and the policies, Editura Kogan Page, Londra, 2008.

Șaguna, Drosu, Dan. Tratat de drept financiar și fiscal, Editura All Beck, București, 2000.

Șaguna Drosu, Dan. Tratat de drept financiar și fiscal, Editura. All Beck, București, 2003.

Șaguna Drosu Dan. Șova Dan. Drept fiscal, . Editura C.H. Beck, București, 2009.

Tanzi V., Policies, institutions and the dark side of economics, Ed. Edward Elgar: Cheltenham, 2000.

Toma Rachel Anne, Legislating against tax avoidance, Editura IBFD, Amsterdam, 2008.

Torgler Beno, Tax compliance and tax morale: a theoretical and empirical analysis, Edward Elgar Publishing Limited, 2007.

Tresch R., Public sector economics, Editura Palgrave Macmillan, New York, 2008.

Zagler Martin, International tax coordination: an interdiciplinarity perspective on virtues and pitfalls, Editura Routledge, New York, 2010.

Articole publicate în reviste de specialitate

Aniţei Nadia-Cerasela. "Consideraţii generale privind paradisurile fiscale," Supliment Jurnalul de Studii Juridice, Editura Lumen, 2010, Iasi, Anul V, nr. 3-4/2010, ISSN 1841-6195, pp.185 -197. http://www.ceeol.com/aspx/publicationdetails.aspx?public ationid=37f87e6d-6349-4729-b7ea-1d7a37c6c600

Aniţei Nadia-Cerasela. "TAX HAVENS OUTSIDE EUROPE," Jurnal de Studii Juridice, Anul VI, nr. 1-2/2011, ISSN 1841-6195, Editura Lumen, 2011, Iasi, pp. 43-53, ISSN 1841-6195Buziernescu Radu, Drăcea Raluca, Burnea Ramona, *"Paradisurile fiscale între teorie şi practică"*, în „Finanţe, Bănci, Asigurări", nr. 12, decembrie 2006.

Canagarajah S., Brownbridge M., Paliu A., Dumitru I., "The challenges to long run fiscal sustainability in Romania" în "Policy Research Working Paper", ianuarie 2012, p. 25, disponibil la http://papers.ssrn.com/sol3/ papers.cfm?abstract_id=1979288.

Camaniciu Carmen, „The possible causes of tax evasion in Romania" în „Proceedings of 5th WSEAS International Conference on Economy and Management Transformation " vol. I/2010, Timişoara.

Christians Allison, "What you give and what you get: reciprocity under a Model 1 Intergovernmental Agreement on FATCA", disponibil la http://papers.ssrn.com/sol3/papers.cfm?abstract_id=2292 645.

Ciupitu Sorin Adrian, Niculae Mirela, "Tax evasion in Romania" în "International Journal of Academic Research in Accounting, Finance and Management Science" vol. 3, no. 1/2013, Ed. Hrmars.

Cohen Stephen, "Does Swiss bank secrecy violate international human rights?", 2013, p.4, disponibil la http://papers.ssrn.com/sol3/papers.cfm?abstract_id=2297 020.

Dariescu Nadia Cerasela, "Comparații între noua și vechea reglementare a evaziunii fiscale volumul dedicat Simpozionului Național Criminalitatea financiar-bancară" organizat de Univ. Craiova, Facultatea de Drept și Științe administrative „Nicolae Titulescu" din 17-18 martie 2006.

Durdureanu Corneliu, Soroceanu Mircea, "The display of evasion and tax fraud phenomena in the context of current economic and financial crisis" în "Anuarul Universității Petre Andrei din Iași", issue 5/2010, Ed. Lumen, Iași.

Fiechter J.R.W., "Exchange of tax information: the end of banking secrecy in Switzerland and Singapore?" în "International Tax Journal".

Gallagher Colin, "Sweden' s economy: distorted by taxes", disponibil la http://martindale.cc.lehigh.edu/sites/ martindale.cc.lehigh.edu/files/gallagher.pdf.

Grinberg I., "Beyond FATCA: an evolutionary moment for the international tax system", disponibil la http://papers.ssrn.com/sol3/papers.cfm?abstract_id=1996 752.

Hanousek Jan, Palda Filip, "Why people evade taxes in the Czech and Slovak Republics: a tale of twins", 2002, p. 2, disponibil la http://citeseerx.ist.psu.edu/ viewdoc/download?doi=10.1.1.203.2592&rep=rep1&type= pdf.

.Issabel Joumard, "Tax systems in European Union Countries" în O.E.C.D. Economic Studies no. 34/2002.

Jensen J., Wohlbier F., „Improving tax governance in EU Member States" în „ Economia europeană", august 2012, disponibil la http://ec.europa.eu/economy_finance /publications/occasional_paper/2012/pdf/ocp114_en.pdf.

Lazăr Roxana, „Tax evasion between legality and criminal offence" în „Logos, universality, mentality, education, novelty. Conference Proceedings,, Ed. Procedia - Social and Behavioral Sciences, 2013.

Lefebvre Mathieu, Pestieau Pierre, Riedl Arno, Villeval Marie, "Tax evasion, welfare fraud and the "the broken window" effect: an experiment in Belgium, France and Netherland", p. 5, disponibil la http://www.unamur.be/ en/eco/eeco/LPRV-Fraud-V2_28Feb11.pdf.

McGee R., „Cheating on taxes: a comparative study of tax evasion ethics of 15 transition economies and 2 developed economies" în „The IABPAD Conference Proceedings", Dalas, aprilie 2008.

McGee R., "Is tax evasion unethical?", în University of Kansas Law Review, vol. 42, no. 2 (1994).

McGee R., "The ethics of tax evasion: a survey of international business academics", disponibil la http://papers.ssrn. com/sol3/papers.cfm?abstract_id=803964.

McGee Robert, Tyler Michael, "Tax evasion and ethics: a demographic study of 33 countries", disponibil la http://papers.ssrn.com/sol3/papers.cfm?abstract_id=9405 05 (accesat la 10.07.2013).

Munteanu Calina Andreea, "Current issues about tax evasion (Law no. 50/2013)" în "Jurnalul de Studii Juridice" nr. 1-2/2013, Ed. Lumen, Iasi.

Pădurean E., "Fiscalitatea în România şi în Uniunea Europeană" în "Revista Economica" nr. 1/2005.

Policy Studies, Centre for European, "EU Home Affairs Agencies and the Construction of EU Internal Security" (December 21, 2012) în "CEPS Papers in Liberty and Security in Europe", disponibil la http://papers.ssrn.com/sol3/papers.cfm?abstract_id=2198 795.

Toader S.A., "Overall analysis of the tax evasion phenomenon and its dynamics in Romania after 1989", disponibil la http://papers.ssrn.com/sol3/papers.cfm?abstract_id=1031 936.

Zibert Franc, "Tax policy and tax avoidance" în "Journal of Criminal Justice and Security", vol. 8, issue 3,4 /2006, p. 274.

Webley Paul, *Tax evasion: an experimental approach,* Ed. Cambridge University Press, 1991.

Documente oficiale

Banca Mondială, *Paying taxes 2013,* disponibil la http://www.pwc.com/gx/en/paying-taxes/assets/pwc-paying-taxes-2013-full-report.pdf accesat la 22.08.2013).

Boston Consulting Group, Global wealth 2011: Shaping a new tomorrow 13 (June 2011), disponibil la www.bcg.com.pl/documents/file77766.pdf.

Comisia Europeană, *Îmbunătățirea guvernanței fiscale în statele membre U.E.,* disponibil la http://ec.europa.eu/economy_finance/publications/occasi onal_paper/2012/pdf/ocp114_en.pdf.

Comunicarea Comisiei Europene privind nevoia de a dezvolta o strategie coordonată pentru a ameliora lupta împotriva fraudei fiscale, disponibil la http://ec.europa.eu/taxation_customs/resources/document s/taxation/vat/control_anti-fraud/combating_tax_fraud /com(2006)254_en.pdf.

Comunicarea Comisiei Europene către Parlamentul European și Consiliul Uniunii Europene privind planul de acțiune pentru a întări lupta împotriva evaziunii fiscale, disponibil la http://ec.europa.eu/taxation_customs/ resources/documents/taxation/tax_fraud_evasion/com_20 12_722_en.pdf.

Financial Investigations: a financial approach to detecting and resolving crimes, U.S. Government Printing Office, 2003;

Consiliul Fiscal al României, *Raportul anual pe anul 2011. Evoluţii şi perspective macroeconomice şi bugetare*, disponibil la http://www.consiliulfiscal.ro/Raport2011.pdf..

DLAF – Raport annual de activitate 2011, disponibil la http://www.antifrauda.gov.ro/docs/ro/raport_dlaf/DLAF _Raport%20activitate%202011_ro.pdf.

H.M. Revenue and customs, "Reducing tax evasion and avoidance", disponibil la https://www.gov.uk/government/policies/reducing-tax-evasion-and-avoidance.

I.C.C.J., Secţia penală, decizia nr. 3907 din 28 noiembrie 2012, disponibil la http://www.scj.ro/SP%20rezumate%202012/SP%20dec%2 0r%203907%2028%2011%202012.htm

Notă de fundamentare a Hotarârii de Guvern privind reorganizarea şi funcţionarea Agenţiei Naţionale de Administrare Fiscală, disponibil la http://static.anaf.ro/static/10/Anaf/legislatie/Nota_funda ment_HG_ANAF_11072013_reorganizare.pdf.

New corporate and legislation in Slovakia, Ed. DLA Piper, 2012, p. 2, disponibil la http://www.dlapiper.com /files/Publication/fbbb87b4-baf9-49aa-b92c-e9d77a3542 e1/Presentation/PublicationAttachment/f86c84ad-f825-41ca-bc1-eaf768e43f8f/New_corporate_and_tax_ legislation_in_Slovakia.pdf.

O.E.C.D., International Tax Terms for the Participants in the OECD Programme of Cooperation with Non-OECD

Economies, disponibil la http://www.oecd.org/ dataoecd/17/21/33967016.pdf.

O.E.C.D. - Centre for tax policy, "Fighting tax evasion", disponibil la http://www.oecd.org/ctp/fighting taxevasion.htm (accesat la 02.09.2013).

Politica de impozitare sub blestemul veniturilor mici: cazul României, disponibil la http://www.fes.ro/media /images/publications/Brosura_Politica.pdf.

Proiect SAPARD, „Modernizare drum comunal DC 51 Simionești – Pildești și drum comunal Cordun E-85", beneficiar Consiliul Local Cordun, jud. Neamț, disponibil la http://www.antifrauda.gov.ro/ documente/Dosar%2046.pdf.

Propunere de directivă a Parlamentului European și a Consiliului privind combaterea fraudelor îndreptate împotriva intereselor financiare ale Uniunii Europene prin intermediul dreptului penal, disponibila la http://ec.europa.eu/anti_fraud/documents/pif-report/pif_proposal_ro.pdf (accesat la 01.08.2013).

Regulamentul CEE nr. 1073/1999 al Parlamentului European și al Consiliului privind investigațiile efectuate de Oficiul European de Luptă Antifraudă, disponibil la http://eur-lex.europa.eu/LexUriServ/LexUriServ.do?uri= DD:01:02:31999R1073:RO:PDF

Richard Murphy, *Closing the European Tax Gap: a report for group of the progressive alliance of socialists and democrats in the European Parliament,* disponibil la http://europeansforfinancialreform.org/en/system/files/38 42_en_richard_murphy_eu_tax_gap_en_120229.pdf

Strategia de Administrare Fiscală pentru perioada 2012-2016, disponibila la http://static.anaf.ro/static/10/Anaf/ Informatii_R/Strategia_ANAF_2012_2016.pdf

Studiul 12 - „Cerințele pentru preluarea legislației UE privind lupta împotriva criminalității economice și financiare,

disponibil la http://www.ier.ro/documente/studiideimpact
PaisI_ro/Pais1_studiu_12_ro.pdf

The OLAF Report 2011, p. 5, disponibil la
http://ec.europa.eu/anti_fraud/documents/reports-
olaf/2011/olaf_report_2011_en.pdf;85. Tratatul privind
stabilitatea, coordonarea şi guvernanţa în cadrul Uniunii
Economice şi Monetare.

EDITURA LUMEN

Str. Ţepeş Vodă, nr.2, Iaşi

www.edituralumen.ro
www.librariavirtuala.ro

Printed in EU

www.ingramcontent.com/pod-product-compliance
Lightning Source LLC
Chambersburg PA
CBHW060551200326
41521CB00007B/554